ADOLPHE FRANÇOIS

LES

GRANDS PROBLÈMES

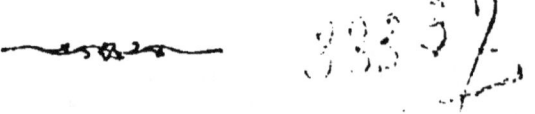

I. LA QUESTION DU BONHEUR

II. LE BIEN SOCIAL

III. LE BEAU

IV. LA QUESTION DE L'AME

PARIS

IMPRIMERIE ET LIBRAIRIE DE CH. NOBLET

13, RUE CUJAS, 13

1895

LES
GRANDS PROBLÈMES

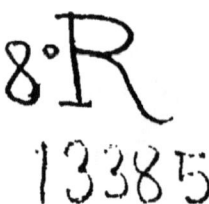

ADOLPHE FRANÇOIS

LES
GRANDS PROBLÈMES

I. LA QUESTION DU BONHEUR
II. LE BIEN SOCIAL
III. LE BEAU
IV. LA QUESTION DE L'AME

PARIS

IMPRIMERIE ET LIBRAIRIE DE CH. NOBLET

13, RUE CUJAS, 13

1895

Ceci est un essai de philosophie générale, en tant que la philosophie est la recherche de la vérité, de ce qui est, surtout de ce qu'il importe à l'homme de connaître. La question du bonheur, c'est l'homme dans la vie courante; le bien social, c'est la question, tant agitée, de ce que doit être la société; le beau, ou l'idéal, c'est le but des aspirations confuses de l'humanité; la question de l'âme, c'est l'au-delà. Nous avons procédé en nous appuyant sur l'expérience et la science; mais nous n'avons pas méconnu la valeur de la raison de l'âme qui fait connaître le beau, le mérite et la nécessité de la justice. Cette science infuse de l'âme, commune à tous les hommes, est la plus sûre de toutes les sciences, si bien qu'avec la seule bonne volonté, les ignorants sont plus savants que les savants, et les simples plus habiles que les habiles..

Mais il n'est pas donné à tous d'être simple. Les agitations de la vie, et la confiance excessive qu'on attache d'abord à la science, nous rendent finalement aveugles, et, par suite, fort inquiets. Que si nous essayons de revenir à la religion qui a transporté notre douzième année, elle nous rebute immédiatement par ce que nous croyons y voir d'erreurs et d'enfantillages. Nous cherchons alors dans les livres, et surtout en nous-mêmes, la règle certaine dont nous avons besoin. Mais à cette étude, qui demanderait tout notre temps, nous pouvons rarement suffire ; nous nous en remettons donc à l'opinion dominante parmi les esprits qui nous semblent les plus cultivés, et nous adoptons insensiblement un scepticisme indulgent, mêlé de dilettantisme ou de facilité à accepter temporairement quelque idée ingénieuse. Cette disposition n'est nullement contraire à une saine appréciation, car elle revient à la table rase de Descartes; et elle pourra hâter l'avènement d'une ère plus lumineuse. Les dogmes, les doctrines, sont des synthèses ou des systèmes, toujours incomplets, et qui vieillissent dès qu'ils s'affirment imperfectibles. Il n'y a pas de synthèse définitive. L'analyse conserve toujours ses droits, qui sont les droits imprescriptibles de la raison même. L'analyse des choses sera sans cesse à recommencer; mais, avec le temps, certaines vérités réapparaîtront toujours dans les analyses bien faites, et il en résultera qu'elles seront reconnues pour constantes, sans avoir besoin d'être imposées par aucune autorité autre que la raison. D'autre part, la raison reconnaîtra peut-être toujours que la plus grande partie de la vérité intégrale, c'est-à-dire de la connaissance de toutes choses, ou de la science absolue, est interdite à l'homme; que cela seulement qu'il a besoin de connaître lui peut être dévoilé; que cette part qui lui a été accordée a été délimitée par le divin Socrate; et, en conséquence, redevenu modeste et moins confiant dans la science, ou plutôt rendu modeste par l'étude même, il reviendra laborieusement à la simplicité de l'esprit, ne prétendant plus à connaître les arcanes du monde, pleins d'infinis secrets à lui refusés, d'une complication qui confond son esprit dès qu'il les entrevoit, et surtout parfaitement inutiles, si ce n'est à l'abêtir. Cette simplicité consiste à reconnaître tout le prix de la science infuse de l'homme, la raison du cœur, à lui obéir, à croire en elle. L'obéissance à cette raison c'est la noblesse des sentiments; la foi en elle, c'est la croyance dans la Divinité et l'espoir sans limites. La Divinité nous a donné tous les biens que nous avons possédés; elle peut nous en donner encore de plus grands. Redevenu simple par raison, l'esprit dédaigne moins la religion ; il a suffisamment étudié pour reconnaître en elle la synthèse de toute la science humaine à l'époque où le dogme a été arrêté, et il se trouve que cette synthèse, encore que sa forme ait vieilli, est à beaucoup d'égards plus avancée que la science moderne, telle que la symbolise le darwinisme. Beaucoup parlent de la science, qui y sont parfaitement étrangers, ou qui croient avoir de la science parce qu'ils ont adopté une hypothèse sans fondement. La vraie science, c'est la raison appliquée à l'étude de la réalité, et la vraie science est sacrée, tout comme la raison. Et la religion aussi est sacrée, parce qu'elle est née de la vraie science et de la raison, de la raison de l'esprit et de la raison du cœur. Mais la religion doit grandir encore, comme la science aussi doit grandir encore, et elles grandiront ensemble dans l'harmonie, laquelle sortira de la lutte loyale, qui elle aussi est sacrée.

Mais cette harmonie ne s'est-elle pas déjà affirmée lorsque l'un des hommes les plus savants de ce temps, M. Pasteur, a déclaré, dans son discours de réception à l'Académie française, que sa longue carrière scientifique l'avait conduit à croire en Dieu? Cette harmonie ne s'est-elle pas déjà affirmée lorsque le chef de l'Église a traité de la question ouvrière avec une autorité supérieure à celle des plus grands économistes? La conciliation de la science et de la religion répond à un besoin profond. Et l'un des maîtres de la critique contemporaine, en tant que la critique est, elle aussi, recherche de la vérité, ou philosophie, ne vient-il pas de déclarer que la science seule ne satisfait pas aux aspirations de l'homme, et que la religion est nécessaire (1)? On l'a contredit, mais avec plus de bruit que de justesse. Il n'est pas douteux qu'un critique, un philosophe de ce mérite, a plus de science générale que le plus distingué des esprits spécialisés dans une branche des connaissances humaines : il est familier avec les sciences morales, de beaucoup les plus importantes, et il possède, comme il le montre assez, une notion très nette de l'état d'avancement des sciences physiques et naturelles. Il est donc reçu, plutôt qu'un savant chimiste, à émettre sur la question une opinion bien fondée. Ce qu'il a dit revient à ceci : que l'analyse seule ne suffit pas, qu'il faut une synthèse,

(1) M. Ferdinand Brunetière : *La Science et la Religion*. Brochure. Firmin-Didot.

une doctrine, et que celle-ci soit avouée par les sciences morales, comme est justement la religion catholique. Tel est l'équivalent de sa pensée, non sa pensée même, puisque, selon lui, la raison ne pourra jamais suppléer la révélation. Mais la raison elle-même est d'ordre divin, et la raison du cœur est la révélation directe à tous les hommes.

Après cela, on trouvera bien terre à terre « la question du bonheur » et la plus grande partie du « bien social ». Mais c'est qu'en effet nous sommes attachés à la terre, si quelquefois notre pensée et notre cœur s'élèvent jusqu'au ciel. La philosophie est l'étude des principes ou des choses principales. Or, c'est une chose principale pour nous que la vie de ce monde, à ce point que nous vivons surtout pour ce monde, et que, dans la vie réelle, nous nous préoccupons bien rarement de l'au-delà. La philosophie comprend donc d'abord les choses de ce monde, la vie privée et la vie sociale. De vouloir la reléguer dans l'abstraction, c'est reprendre l'abus hellénique, aggravé par la scolastique, retrancher la philosophie de la vie réelle, pour en faire un exercice intellectuel auquel on n'attache aucune importance sérieuse, c'est-à-dire pratique. Pour être vivante et intéressante, la philosophie doit traiter de la vie et de ce qui nous intéresse. Les grandes religions, qui sont de grandes et vivantes philosophies, ont bien compris cette vérité, elles qui règlent l'hygiène et la nourriture. Nous ne regrettons donc pas d'avoir étudié certaines questions qui semblent secondaires mais qui sont principales. C'est de ces questions qu'est tissée la vie de l'homme, et il est inutile d'essayer de l'intéresser, si vous ne vous intéressez le premier à ce qui l'intéresse le plus au monde : son bonheur ici-bas d'abord, et puis après, son rêve, la beauté, et enfin, bien plus loin après, s'il a une âme immortelle, son salut. Il faut dire qu'encore aujourd'hui la religion catholique répond mieux à ce programme qu'aucun système philosophique ; nous tenterons néanmoins cette entreprise avec la libre philosophie. 1895.

LE BONHEUR

LA QUESTION
DU
BONHEUR

L'homme est un être qui tend à sa conservation, qui tend au bonheur, qui tend à l'honneur, qui tend vers le beau.

Par le mot « bonheur », l'homme entend un état de plaisir aussi constant que possible.

Entre les fins des diverses tendances de l'homme, le bonheur est, généralement, le principal objet de ses vœux. C'est pourquoi nous l'avons choisi, afin d'étudier en quoi il consiste et comment on peut y atteindre.

Dans la tendance au bonheur, nous serons

amené à faire rentrer les trois autres tendances, parce que leurs buts se trouvent tous dans la même direction.

L'homme est appelé par une mystérieuse puissance à une ascension indéfinie; faible comme il est, ce qu'il prise le plus d'abord, c'est le bonheur; mais s'il le cherche bien, il le trouve dans la voie de l'honneur et du beau.

I

Les conditions du bonheur paraissent être : la santé, l'aisance, le mariage, la paix, le travail, l'honneur, l'idéal, l'indépendance, la puissance, et la bienfaisance.

**

La santé modérée. On peut avoir trop de santé. Il est une mesure que l'homme ne peut dépasser, même dans ce qui paraît le meilleur. L'exubérance de la vie obscurcit l'intelligence et elle crée un état d'excitation ou d'agitation qui induit en des aventures dangereuses. Cette espèce d'ivresse, comme disait lord Chersterfield, se rencontre fréquemment chez les jeunes gens. Elle convient à la guerre. L'homme trop bien portant veut se faire tuer.

※

Il faut une réserve suffisante pour parer à toute éventualité, maladies, infirmités, établissement des enfants, vieillesse, mais guère rien de plus. Le mieux est de gagner assez bien sa vie et de ne pas amasser plus qu'il n'est nécessaire. C'est le mieux pour votre bonheur et le bonheur des vôtres. Méditez un peu sur ce sujet, et vous trouverez à l'appui de ce qui précède une vérité qu'il vaut mieux ne pas dire, selon le mot de Fontenelle. Bien entendu, les personnes présentes sont toujours exceptées.

※

Eh! oui, le mariage. Comment le remplacer? Il n'y a que deux moyens : le concubinage et... le papillonnage. Or, il n'y a que les jeunes gens qui croient au papillonnage. Par mesure de simple propreté à l'égard des professionnelles, par difficulté et par scrupule à l'égard des honnêtes femmes, on finit par s'en abstenir. Alors le concubinage? Mais il conduit à l'acoquinement, quelquefois même au mariage, dûment parfait, avec un être inférieur le plus souvent. Il y a bien, sans doute, l'union sympathique, genre dix-septième et dix-huitième siècle; mais elle ne convient et n'est possible qu'à quelques privilégiés : il y faut le mérite de La Rochefoucauld et de mademoiselle de Lafayette, la grâce de La Fare et de madame de la Sablière, le charme de Chateaubriand et de madame Récamier; c'est-à-dire des conditions rares et, en outre, de la fortune. Enfin ce genre d'union ne règle pas le sort des enfants. La vérité générale est donc bien le mariage.

*
* *

Il faut être en état de se faire rendre la paix, mais il n'est pas mauvais d'avoir des ennemis. Leur utilité a été bien démontrée par Boileau. Ils vous obligent à lutter; vous y acquérez des forces. Au collège, il faut des émules; pendant la jeunesse, il faut des rivaux; ensuite l'on ne saurait vivre, ce qui s'appelle vivre, sans ennemis.

Dans l'intérieur, la question est plus délicate. Et pourtant, il faut bien que chacun ait son franc parler, car une querelle vaut mieux qu'une bouderie. Que dis-je! Entre honnêtes gens, une querelle a-t-elle jamais rien gâté? Au contraire. L'important est de savoir rire après.

*
*

Faute d'occupation, l'on meurt d'ennui. Or, le plaisir, poursuivi, se dérobe. Il est nécessaire que l'activité tourne au travail; mais il faut en outre que le travail soit fait avec goût. Pour cela, le genre de travail doit être possible à celui qui s'y livre, et il doit avoir été bien appris. Moyennant ces deux conditions, on le fait de mieux en mieux, et ce perfectionnement continu est une source inépuisable de satisfaction. Les impossibilités sont plutôt d'ordre physique, car un bon esprit sait se plier à tout, comme on l'a vu par d'illustres exemples. Le jurisconsulte Pothier, malgré une vocation différente, et pour complaire à sa mère, a suivi la carrière du droit, et il y a surpassé tous ceux de son temps.

*
*

Un homme ne saurait être heureux s'il est

méprisé; il lui faut l'estime d'autrui. L'estime des autres, tel est le premier sens du mot honneur. Cet honneur-là est en dehors de nous.

L'homme éprouve un tel besoin de l'estime d'autrui qu'en général il n'hésite pas à perdre sa propre estime pour conquérir celle des autres. C'est le principe de la vanité.

C'est aussi le principe de très grandes et très belles actions, pleines de courage et de dévouement, soit à la guerre, soit dans la vie civile.

Mais l'estime d'autrui ne suffit pas au bonheur; il faut encore s'estimer soi-même : vouloir conserver sa propre estime, tel est le second sens de l'honneur, qui se nomme alors plutôt le sentiment de l'honneur. Ce sentiment est un besoin. C'est le principe de l'orgueil.

C'est aussi le principe de la plus noble, de la plus juste fierté, et celui des actes sublimes.

*
* *

Tout homme a besoin d'un idéal. Nous entendons ici ce mot dans un sens très banal, à savoir au sens de chose désirée, telle que : jouissances matérielles, humiliation de nos ennemis, grosse fortune, réputation.

Il y a de braves gens qui ne pensent qu'à des tulipes, d'autres à des timbres-poste, d'autres à des assiettes, d'autres à des pipes, d'autres à des cannes.

L'idéal est un élément essentiel de la vie, c'est le but concret où nous croyons voir l'objet abstrait de nos tendances diverses et longtemps confuses.

Les idéals que nous avons énumérés d'abord sont bas; la poursuite en est pleine d'amertume; et la possession, de dégoût ou de crainte.

Les collectionneurs sont mieux avisés; mais, sauf exceptions, leur idéal est puéril.

Il faut que notre idéal soit le véritable idéal ; que la chose désirée par nous soit bien la chose désirable en vue de notre bonheur. Le véritable idéal, c'est ce qui est vraiment agréable, ou utile, ou beau. Pour le bonheur terrestre, l'idéal doit englober tout ce qui possède au moins l'une de ces qualités. Par exemple, la table, au-delà de la capacité ou des moyens, est une erreur; même le riche doit ne jamais dépasser son appétit, ni être trop recherché dans son ordinaire, afin de conserver l'aptitude au plaisir. Un bon tapis vaut mieux que des bibelots, et un bon tableau vaut mieux que de l'or sur les murs.

Humilier ses ennemis? A quoi bon? L'important est de faire de son mieux, et les ennemis vous y aident toujours. Grâce à eux, vous faites ce que vous n'auriez jamais fait. Si vous les surpassez, voilà votre meilleure vengeance. Pour la compléter, il ne faut même pas triompher contre eux, mais les remercier. On peut faire du mal aux autres, sans doute, mais à la condition inéluctable de s'en faire à soi-même. Est-ce là un résultat désirable? Et ne vaut-il pas mieux, au lieu de songer au mal des autres, ne penser qu'à notre bien?

Une grosse fortune? Mais c'est la cause d'une servitude particulière, les maîtres dépendant des serviteurs; et c'est aussi bien souvent la cause d'une parfaite misère de cœur, faute de pouvoir aimer, et faute de pouvoir être aimé.

La réputation? Oui, pour un artiste ou un écrivain qui vit de son métier, parce que dans ce cas la réputation est un achalandage comme celui d'une maison de commerce. Mais la réputation pour elle-même? Il n'y a rien de si vain, de si décevant et quelquefois de si ridicule, lorsqu'on fait des concessions pour la conserver; cela n'a rien de commun avec le bonheur; au contraire.

Il faut donc chercher le véritable idéal humain, et cette recherche conduit au véritable plaisir des sens qui est le bien-être, au véritable plaisir de l'esprit qui est la lucidité, et au véritable plaisir du cœur qui est la bonne conscience.

**
* **

L'indépendance absolue est une chimère; on dépend toujours de nombre de personnes et d'une quantité de choses, même ceux qui paraissent les plus indépendants : la dépendance est souvent pénible, mais elle vaut mieux, en général, que la solitude, où il faut aller chercher une indépendance excessive.

Cependant, l'on ne saurait être heureux sans une certaine indépendance ; il faut au moins que nous puissions nous exprimer en toute franchise, si nous estimons qu'on porte atteinte à notre dignité. Que si nous ne pouvons agir ainsi sans perdre nos moyens d'existence, nous pouvons avoir encore de l'honneur, mais nous souffrons d'être dégradés injustement dans notre dignité. Heureusement pour la victime, cette bassesse d'autrui dont il souffre peut exalter son courage au point de lui faire remplir tout son mérite, au grand dépit de ceux qui l'outragent.

* *
*

Une condition du bonheur, c'est de disposer d'un certain pouvoir; c'est aussi de n'être pas trop puissant; dans ce dernier cas, l'on finit, en général, par commettre trop de fautes.

Il faut avoir assez de force pour se défendre et pour travailler; sinon, l'on est misérable. Aussi la société a-t-elle pour devoir de veiller à la défense des plus faibles, malades, infirmes, vieillards, enfants, et de tenir la main à ce que ces derniers apprennent un métier utile. Un ouvrier, dans un bon métier, est assez fort, avec l'assurance et l'épargne.

※

C'est une grande jouissance pour l'homme que de disposer d'une force suffisante pour assurer sa sécurité et celle des siens, pour conquérir le bien-être, l'indépendance, la considération, enfin pour réaliser un idéal élevé en faisant le bien ; c'est ceci qui achève le bonheur de l'homme, d'autant qu'il peut établir des fondations, hôpitaux ou écoles, qui perpétuent son action bienfaisante. Ce n'est plus seulement la bonne conscience qui fait sa joie ; c'est une sorte de bénédiction éternelle qu'il sent descendre sur lui.

II

Telles paraissent être les principales conditions du bonheur humain ; conditions signifiant ici manières d'être définitives. Comment parvenir à ces conditions? Par d'autres conditions intermédiaires, ou moyens, que nous distinguerons en moyens pratiques ou spéciaux, c'est-à-dire immédiats, concrets, ayant une forme, une réalité tangibles, et en moyens théoriques ou généraux, c'est-à-dire tout entiers dans la pensée, mais qui engendrent à la vérité les moyens pratiques, et qui concourent au bonheur indépendamment même de ceux-ci.

Les principaux moyens spéciaux paraissent être : l'hygiène, la manière de vivre, le métier, la femme.

§

Il y a trois grands principes d'hygiène qui concernent l'air, l'eau et l'habitation.

Viennent ensuite les soins du corps et la nourriture.

°

L'air régénère le sang. C'est un aliment de la première importance. Il en faut prendre le plus possible.

On voit des montagnards qui se nourrissent assez pauvrement et qui sont néanmoins les plus robustes des hommes. Ils « vivent de l'air du temps. » C'est une manière supérieure et charmante de s'alimenter.

L'eau est, avec l'air, notre principal aliment.

Montaigne, assistant La Boétie près de mourir, et tâchant de le distraire, donnait au vin la préférence sur l'eau, et le nommait la liqueur divine. Mais La Boétie, plus enclin au sérieux, ne l'accordait pas. Non, disait-il, la liqueur divine, c'est l'eau. Ils avaient raison l'un et l'autre.

L'habitation doit être sèche, assez chaude, bien claire.

La lumière est un véritable aliment, comme on le voit pour les plantes.

Il faut loger à plusieurs pieds au-dessus du

sol; et la meilleure exposition pour les pièces où l'on se tient est, comme on sait, le midi.

**.*

Les bains chauds sont admirables comme soin de propreté; mais à ce titre, il faut les prendre très courts, et de préférence pendant l'été, ou dans une pièce chauffée, si c'est en hiver. Ils sont dangereux, si la constitution ne les demande pas, ou si l'on est sujet à s'enrhumer au sortir de l'eau.

On peut entretenir le bon fonctionnement de la peau, si important pour la santé, en passant sur une surface médiocre une éponge, imbibée d'eau tiède animée d'eau de Cologne, puis exprimée. On essuie en se frictionnant et l'on découvre le moins possible le reste du corps. La propreté, poussée jusqu'à la passion, fait qu'on commet des imprudences : l'on prend du mal et l'on est bien contraint de cesser des soins si utiles et si agréables. Il faut donc se modérer et faire attention. Le mieux est de diviser le corps en plusieurs régions, et de les soigner successivement à des jours différents; enfin, de s'abstenir pendant la saison froide, durant laquelle la peau fonctionne très peu. Notons que l'eau froide ne convient ni au visage ni à la tête, ni aux lotions intérieures du nez, des oreilles et de la gorge. Elle est au contraire excellente en été, dans un état moyen de santé, pour le reste du corps et surtout pour les pieds, en brèves lotions, bien entendu.

Les bains froids et la douche froide sont des mesures de haute hygiène, quand il n'existe pas de contre-indication constitutionnelle. Ils rendent le corps presque invulnérable à la maladie. On doit les prendre courts, le bain d'un quart d'heure au plus, et la douche de trente secondes, celle-ci jamais sur la tête, et les combiner avec l'exercice avant et après. L'exercice ne doit pas dépasser ce qu'un éminent professeur de gymnastique nommait « la fatigue salutaire. »

*
* *

Autant que possible, chacun doit être son propre médecin, c'est-à-dire doit tâcher d'acquérir le plus de connaissances possible en matière d'hygiène et de médecine.

Il ne s'agit pas ici d'une crainte ridicule de la mort, mais du désir très raisonnable de se conserver en santé. La vie n'a aucune valeur par elle-même ; elle ne vaut que par les biens, dont la santé est évidemment le premier.

Il faut avoir de l'appétit et il faut digérer. Il faut lutter contre l'invasion des maladies, et combattre l'anémie qui favorise cette invasion. Il faut enfin se défendre contre la souffrance physique inutile.

Pour l'appétit et la digestion, un des meilleurs remèdes est la véritable magnésie calcinée anglaise, à la dose d'une petite cuillerée pour un adulte : on la prend le matin à jeun, délayée dans un peu d'eau sucrée, et ensuite une ou deux demi-tasses de chocolat à l'eau. Elle est contre-indiquée en cas de gravelle blanche ; d'ailleurs, il faut tâcher de s'instruire, et ensuite consulter le médecin sur l'opportunité des remèdes ; mais le médecin ne suffit pas à tout, n'étant pas toujours avec vous.

Contre l'invasion des microbes pathogènes, le borate de soude à l'extérieur et le quinquina à l'intérieur.

Le borate de soude s'emploie à la dose de quelques grammes par litre d'eau. Il fond immédiatement dans un peu d'eau chaude. C'est un excellent antiseptique et le meilleur des cosmétiques.

Le mieux est de préparer soi-même le quinquina, en faisant macérer pendant quelques jours du quinquina gris concassé dans de l'armagnac authentique. On verse une petite cuillerée de cette préparation dans une boisson quelconque. Le danger des vins ou des extraits de quinquina du commerce est dans la nature de l'alcool employé.

Le quinquina détruit dans le sang quantité de germes morbides. A toutes les impuretés qui s'introduisent sans cesse dans la circulation, et notamment au terrible bacille de la tuberculose, il faut encore opposer un autre grand agent purificateur, l'iode; contre l'anémie, il faut employer le fer. Ces deux remèdes se trouvent dans l'iodure de fer, dont les pharmaciens vendent des pilules toutes préparées à prendre aux principaux repas, avec indication des doses. En principe, se tenir en deçà des indications.

Les enfants, les femmes qui nourrissent, et en général toutes les personnes délicates, sont singulièrement fortifiées par le phosphate de chaux, dont on vend également d'excellentes solutions toutes préparées, avec instruction.

On peut alterner l'iodure de fer avec le phosphate de chaux, un mois l'un, un mois l'autre ; mais éviter de les combiner. Il faut aussi suspendre, de temps en temps, toute médication.

Contre les maux de dents, ajouter un peu d'eau-de-vie camphrée à l'eau dentifrice. C'est un remède préventif, qui n'agit plus quand le mal est déjà déclaré.

* *

Les bases d'une bonne alimentation, en France, sont le pain et le vin.

Jésus buvait du vin. Dans la Cène, il présente le pain et le vin comme les éléments fondamentaux de la nourriture des braves gens. Il n'a pas dit la viande et l'eau claire, mais bien le pain et le vin.

« Le pain et le vin, dit Ulysse, voilà ce qui fait la force et la vigueur de l'homme. » (*Iliade*, XIX.)

.*.

On mange trop de grosse viande, bœuf, veau, mouton, et, à Paris, elle ne vaut rien la plupart du temps.

Nous ne sommes nullement végétarien : nous ne voyons pas pourquoi l'on s'abstiendrait de poisson, de volaille et de gibier. Les lapins nous mangeraient si nous ne les mangions pas.

Mais la grosse bête ne paraît pas avoir été faite pour être mangée, sauf cet excellent porc, qui n'a vraiment pas d'autre raison d'être. Il trouve les truffes, et cette fonction est honorable, mais elle est insuffisante.

Le bœuf laboure nos champs ; la vache nous donne son lait ; le mouton, sa laine. Est-il donc si nécessaire de les égorger pour les dévorer ? Nullement. On peut très bien s'en passer sans perdre un atome de force. Alors pourquoi ? C'est une espèce de mode, bien peu plaisante.

Aujourd'hui, il paraît que le paysan mange de la grosse viande tous les jours, et quelle viande !

Il y a là un reste de barbarie contre lequel nombre de bons esprits protestent, aux États-Unis notamment, en faveur de l'animal sacré dont les yeux servent de terme de comparaison à Homère pour vanter la beauté de ceux de la reine des dieux, et en faveur de cette touchante créature que sa douceur a désigné au Christ pour en faire le symbole de ses élus.

Il est clair que si la viande de bœuf ou de mouton peut être utile à un malade, à un convalescent, il faut sacrifier la bête innocente. Tout est permis à la guerre. Mais l'abus de la viande de boucherie est puni d'affreuses maladies, et notamment des maladies parasitaires. Pour éviter ce terrible danger, il faudrait saigner les victimes à blanc. Mal ou remède, cela est infernal.

*

Il faut apporter la plus grande attention à la qualité du vin. On n'en trouve de bon à aucun prix chez les marchands au détail. La moindre falsification dont les vins sont l'objet, est l'addition d'alcool industriel, c'est-à-dire d'alcool de grain ou de pomme de terre. Les marchands dédoublent une pièce avec de l'eau et relèvent le degré du mélange avec de l'alcool, mais non avec de l'alcool de vin. Or, à si petite dose que ce soit, l'alcool industriel est extrêmement dangereux.

Il faut se renseigner autant qu'on peut pour trouver un honnête marchand en gros, et se résigner à payer le vin assez cher. En général, un marchand de vin en gros présente plus de garanties qu'un propriétaire vendant sa prétendue récolte.

La règle est que tous les vins étrangers sont falsifiés.

On peut soutenir que la bière est du vin d'orge, le cidre du vin de pommes, et que ces boissons, bien fabriquées, remplacent le vin de raisin. Mais elles sont l'objet de la même falsification par dédoublement et addition d'alcool. Il faut acheter la bière à un brasseur dans un pays d'orge et de houblon, et le cidre à un propriétaire, ou mieux à un bon marchand, dans un pays de pommes.

En principe, pour nous autres Français du moins, gens nerveux, surtout pour tous ceux d'entre nous qui sont tant soit peu délicats, ni thé, ni café, ni eau-de-vie pure, au moins d'une manière habituelle. Ce sont des remèdes, de véritables remèdes, dont l'usage intermittent est insignifiant, mais dont l'emploi journalier ne saurait être recommandé que par le médecin.

§

La manière de vivre comprend l'emploi du temps, des forces et de l'argent.

Et d'abord, nous supposerons quelqu'un entièrement maître de son temps. Or, voici la manière la plus naturelle et la meilleure de le diviser et de l'employer, étant donné un état de santé ordinaire.

Avant toute toilette, se mettre au travail et aller tant qu'on peut, c'est-à-dire jusqu'à cette première fatigue qui marque le terme raisonnable de l'effort. S'arrêter alors et passer à la toilette, après laquelle on reprend le travail, si l'on peut, jusqu'au déjeuner. Reculer celui-ci jusqu'à ce que l'appétit soit bien ouvert ; c'est autant de gagné pour le travail et pour le plaisir de la table.

Il faut tâcher de se reposer l'après-midi, soit immédiatement après le déjeuner pendant l'été, soit un peu plus tard en hiver, après avoir fait une dépense de force à l'air.

La journée est donc coupée de manière à en faire une matinée et une soirée bien séparées par un repos. Et je crois que chacune de ces demi-journées vaut une journée entière ininterrompue, car une fois l'homme fatigué, le reste de sa journée ne compte plus. Il faut, de toute nécessité, réparer la fatigue.

*
* *

Et maintenant, comment faire lorsqu'on n'est pas maître de tout son temps, mais qu'un emploi ou le genre de profession vous oblige à donner la plus grande partie de la journée ?

Il faut tâcher de conquérir le matin en été.

C'est alors qu'on résout quantité de questions qui assiègent constamment l'esprit, et constituent proprement ce qu'on nomme les soucis. C'est à ce moment qu'on prend des résolutions, d'autant mieux choisies et arrêtées qu'elles le sont dans les meilleures conditions intellectuelles, et puis aussi qu'à cette heure du jour, quand tout dort encore, l'homme se sent naturellement supérieur à ce qui l'entoure, et qu'à la clarté des conceptions se joint je ne sais quelle hardiesse qui naît de l'heure même.

En hiver, il faut se réserver le plus de soirées possible, pour penser et travailler, afin de remplacer les matinées, qu'il est presque impossible de gagner.

Ayez l'intérieur le plus confortable possible, afin de l'aimer plus que tout autre endroit. Tenez-vous-y le plus possible, pour la même raison. Un homme qui n'aime pas son intérieur, vague toujours hors de chez lui, gâchant son temps, son argent et ses forces.

§

La main est le plus sûr et le plus prompt secours.

Avec un métier manuel, on gagne sa vie partout. C'est de ce principe qu'on était parti au siècle dernier pour en donner un même aux gentilhommes. Le roi Louis XVI montrait l'exemple. Beaucoup d'émigrés s'en sont bien trouvés. Il y a là, pour les bourgeois d'aujourd'hui, un précédent à méditer.

Aujourd'hui, l'on bourre d' « instruction » quantité de jeunes gens sans fortune, justement pour les pousser hors des états manuels. Or, les professions libérales exigent, à cause des difficultés pour y exceller et de la concurrence qui y règne, non seulement des efforts prodigieux, mais encore une fortune déjà acquise, sur laquelle on puisse s'appuyer durant la longue période de lutte qui précède la période productive.

Si vous n'êtes pas riche, faites de vos enfants des industriels et des commerçants, et, pour cela, mettez-les à la bonne école, c'est-à-dire à la pratique, le plus tôt possible.

Tels sont les métiers lucratifs. Mais le barreau, la médecine, les beaux-arts, les lettres sont des professions auxquelles il ne faut pas demander tout de suite des moyens d'existence. L'argent y vient tard, quand il vient; quelques-uns finissent par en gagner, mais la plupart n'arrivent pas à vivre convenablement de leur travail. Et d'ailleurs, on peut soutenir, avec Boileau, que dans ces carrières, l'on doit surtout avoir en vue l'honneur. Laissez donc ce champ libre aux riches. C'est l'intérêt de tout le monde que ces grandes fonctions sociales soient exercées par des gens non besoigneux, qui sont beaucoup mieux en état de les remplir dignement. Il en faut dire autant de la politique.

※

Il y a la question des vocations.

Mais d'abord il est une vocation commune à tous les hommes, laquelle est d'être bien portant, bien nourri, bien vêtu, bien logé, et cætera. Si donc un jeune homme paraît s'éprendre d'une profession au-dessus de sa fortune, il faut lui faire bien entendre que la première preuve qu'il doit donner de la solidité de sa vocation spéciale, c'est de renoncer d'abord franchement à toute sécurité au sujet de sa vocation naturelle. C'est bien ainsi en effet que procèdent les parents soucieux de l'avenir de leurs enfants. Mais il arrive aussi que, par vaine ambition, non seulement ils croient trop facilement à une vocation, mais encore qu'ils l'excitent, ou même pis, qu'ils l'imposent, non pour les beaux-arts, mais pour le barreau ou la médecine.

Quant aux vocations artistiques, littéraires, scientifiques, l'on y peut donner satisfaction dans une bonne mesure sans négliger pour cela de s'assurer le gagne-pain d'un métier productif. On peut, dans les loisirs de l'industrie et du commerce, cultiver les beaux-arts, les belles-lettres, la haute science. C'est même le plus noble emploi des loisirs, et, en principe, on n'y saurait trop exciter les jeunes gens. Les Athéniens, qui nous valaient bien, étaient d'abord industriels et commerçants, et ils étaient en même temps amateurs des arts et des lettres. L'industrie et le commerce nourrissent le corps; l'art, la littérature, la science, nourrissent l'esprit et l'âme même.

Il y a seulement une mesure à garder, pour que le métier productif ne soit pas oublié. La mesure est la grande difficulté de ce monde, mais avec de la bonne volonté, on l'observe à peu près. Que si l'on redoutait ces belles récréations comme des plaisirs dangereux, il faut avouer que cette crainte, qui ne manque pas d'un certain fondement, ne laisserait pas d'être un peu comique.

§

Une bonne femme n'a pas seulement de la bonté, elle présente encore un ensemble de qualités. Essaierons-nous de les énumérer? D'abord elle est douce, première condition de la paix dans l'intérieur; puis, elle sait ménager et bien employer les ressources communes; enfin elle est sensée et capable de bien conseiller son mari.

On pourra, sans doute, ajouter à cela, mais il me semble malaisé d'y retrancher.

La beauté n'est nullement nécessaire, pourvu

qu'on ne soit pas laide. La fortune du côté de la femme, est une chose dangereuse, qui la rend plus difficile à vivre doucement, à modérer la dépense, à avoir du bon sens et à se tenir dans sa maison.

La femme est reine dans l'intérieur ; c'est elle qui y ordonne tout, et le mari n'est que le premier de ses hôtes. Pourtant, elle doit savoir écouter un avis de son mari, même au sujet de la règle intérieure, et le mari doit savoir le donner de manière à n'avoir pas l'air d'imposer son autorité dans des choses qui le touchent, sans doute, mais qui ne sont pas de son ressort immédiat.

Le mari est chargé de l'extérieur ; c'est lui qui règle tous les rapports avec l'étranger. Observation réciproque à la précédente.

Chacun a donc son domaine ; chacun est, tour à tour, le supérieur et l'inférieur ; et c'est ainsi qu'ils sont égaux : « Où tu seras Caïus, je serai Caïa. »

Assurément l'on est toujours faible dans cette matière auprès des Proverbes de Salomon, qui concluent ainsi : « Le père et la mère donnent les maisons et les richesses, mais c'est proprement le Seigneur qui donne à l'homme une femme prudente. »

Aidez-vous cependant vous-même en cherchant une bonne femme, plutôt que belle ou riche. « La femme, c'est la fortune », dit encore la Bible.

III

Les moyens théoriques ou généraux du bonheur paraissent être : la connaissance des choses, le courage, la justice, la douceur et la mesure.

§

La connaissance des choses vient de l'expérience et de l'instruction utile.

Comme la jeunesse n'est nullement dotée d'expérience par la nature, il s'ensuit que si elle a quelque souci de son bonheur, et c'est un point sensible qu'il faut toucher en lui parlant, elle doit être aussi docile qu'elle peut aux conseils des père et mère. C'est à ceux-ci de ne pas demander aux enfants plus de sagesse et d'obéissance que cet âge n'en comporte. Dans les punitions, il faut plutôt procéder par retranchement d'un plaisir, que par l'administration d'un mal. Pour cela, il est nécessaire de bien les traiter et de pourvoir, autant que possible, à leur agrément. Et alors la privation d'un jeu favori, ou seulement une parole plus froide, seront des moyens plus puissants que la chambre noire, et surtout que la dureté, qui les hébète ou qui les révolte.

* *

La connaissance des choses comprend la connaissance des conditions du bonheur et la connaissance de ses moyens. Or, il est aisé de les enseigner aux jeunes gens. C'est un cours qui les intéresserait peut-être autant que bien d'autres.

* *

L'expérience est la connaissance des hommes et de la vie. Elle s'acquiert péniblement et, pour notre malheur, celle des autres, en principe, ne nous sert pas. On a dit, et c'est incontestable, que les fables de La Fontaine en contiennent un cours à peu près complet, et qu'elles suppléeraient à l'expérience, si rien y pouvait suppléer. Mais c'est que pour les comprendre, il faut presque les avoir vécues. Alors seulement nous en saisissons le sens profond; mais la jeunesse n'y entend rien et s'y ennuie.

A défaut d'expérience, on peut au moins prendre pour règle de se méfier :

> Il était expérimenté,
> Et savait que la méfiance
> Est mère de la sûreté.

Prosper Mérimée avait une bague sur laquelle était gravé un précepte grec qui dit : « Souviens-toi de te méfier. »

*
* *

L'instruction doit être utile, ce qui ne veut pas dire terré à terre, mais substantielle et bien digérée; une telle instruction peut s'élever aux plus hautes notions.

Il convient de donner à la jeunesse des cadres d'instruction; d'abord les plus généraux, et ceux où l'explication peut s'aider du dessin. C'est ainsi qu'on lui donnera une idée de l'Univers, de la Terre, de la France, du corps humain.

Chaque année, on met un peu plus dans ces cadres.

Pour les langues anciennes ou vivantes, il y a un moyen de les apprendre vite et sans peine, c'est d'avoir la traduction en regard du texte, et de ne faire de grammaire que plus tard, lorsque déjà l'on comprend les mots.

Il ne faut pas excéder l'esprit des enfants par des détails géographiques, des séries de rois juifs ou fainéants, des dates à la douzaine. Cela, c'est de l'érudition. La géographie doit être traitée par grandes divisions, l'histoire par grandes époques.

On peut montrer les quatre règles de l'arithmétique, les fractions, même les racines carrées et cubiques, au moyen de petits cubes en bois; il n'y a pas d'intelligence, si rebelle qu'elle soit, qui ne puisse entendre parfaitement ces explications ainsi matérialisées. Les représentations par chiffres de ces opérations ne doivent venir que bien après.

Pour la géométrie, il faut également l'expliquer, autant que possible, sur des choses réelles; montrer, par exemple, comment on mesure l'angle formé par deux murs en prenant dans ce coin la mesure des trois côtés d'un triangle quelconque. Les plus bornés retiendront ces applications de la géométrie, et elles leur serviront plus tard.

Pour former l'âme et donner le plus tôt possible, même aux plus humbles, un fond d'humanités, il faut leur montrer le spectacle de la belle antiquité, et sous son aspect le plus vivant. Or, il est tout entier dans Plutarque, expurgé, bien entendu.

Le principe est de ne pas rebuter l'esprit de l'élève, mais, au contraire, de l'intéresser; de ne pas le surmener, mais bien de modérer sa tâche, en ôtant tous les détails qu'on peut, et de lui donner ainsi le désir d'en connaître davantage. Or, pour apprendre, il a toute la vie. On retient de bons cadres qui ne sont pas trop chargés, de bons rudiments pratiques de langues, des applications scientifiques élémentaires, de belles figures historiques bien dégagées; on rejette avec horreur un fatras qui a torturé l'esprit, qui l'a obscurci et qui a fatigué son ressort.

§

Si la première chose est de connaître ce qu'on a à faire, la chose qui vient immédiatement après, c'est d'avoir le courage ou le cœur de le faire.

Mais ce n'est pas toujours facile. Souvent le cœur manque, soit crainte, soit indolence, soit dégoût, à ceux qui se croyaient les plus résolus.

Le courage est une qualité (c'est davantage, c'est la vertu même, disaient les anciens, vertu signifiant force de l'âme), qui s'acquiert d'abord par la volonté et s'accroît ensuite par l'exercice. Elle est toujours limitée dans la mesure des forces, comme il est évident, et comme l'expriment si plaisamment les héros d'Homère. Mais la réciproque n'est pas vraie : la force ne donne pas toujours le courage, s'il y manque la volonté et l'exercice, qui sont la source même du courage et qui augmentent infiniment la force matérielle.

Quand Hector, quand Ajax sont à bout de forces

ils se retirent ; mais l'empereur Louis-le-Gros, à la tête d'une armée, achète la paix à une bande de Normands.

Le courage n'est pas nécessairement un don ; il faut bien savoir qu'il peut s'acquérir et qu'il peut se perdre. Il paraît qu'Henri IV et Pierre le Grand n'étaient pas nés braves. En principe, la recrue arrivant au corps n'est pas brave, et la règle, c'est qu'elle devient un bon soldat.

On s'étonnera peut-être de ces exemples tirés des choses militaires, mais c'est que le courage militaire est l'expression la plus visible du courage. Si peut-être il n'est pas le plus haut, il est très haut. Celui du marin est analogue, de même celui du pionnier. Il se résume en une victoire complète sur le sentiment de la peur, en un mépris absolu de la mort et même de la souffrance.

Tel est le type du courage, et le plus petit emploi de courage, comme de vaincre un sentiment de paresse ou d'ennui, procède du même principe.

Former le courage ou le cœur, c'est proprement l'objet de l'éducation.

Le service militaire est admirable comme école du courage.

Mais c'est l'œuvre de la vie entière pour nous y exciter nous-mêmes.

Le courage paraît résider dans l'âme, tandis que l'esprit semble être une fonction physiologique. Ce que notre âme apporterait donc en ce monde, c'est un état de courage ; ce qu'elle en emporterait, c'est un autre état de courage, indépendamment de toute connaissance.

Le courage fait tout conquérir, même la connaissance des choses et les autres moyens dont il est question plus bas. C'est donc la première, la plus précieuse des qualités.

Une tradition de la noblesse française, c'était de former d'abord le cœur de l'enfant ; auprès de l'éducation du cœur, l'instruction de l'esprit était presque méprisée. Plus tard, la noblesse est revenue de ce dangereux dédain de l'esprit, qui lui a valu d'être vaincue sur les champs de bataille par la sagesse anglaise et à l'intérieur par la bourgeoisie. Mais il est certain que s'il faut faire grand cas de l'esprit, il faut faire encore plus grand cas du cœur. L'éducation doit donc avoir le pas sur l'instruction.

§

Entre des sauvages ne reconnaissant aucune autorité, ou bien à la guerre entre ennemis, tout est au plus habile, au plus brave ; mais là où existe une organisation quelconque, il y a des chefs qui font régner la paix entre leurs subordonnés, parce que, sans cela, ils ne seraient plus les chefs de personne. Et c'est ainsi que, dans leur propre intérêt, ceux qui détiennent le pouvoir sont amenés à imposer à tous ceux de leur obéissance, l'obligation d'observer la justice.

Observer la justice est donc le moyen d'avoir la paix, ou de se la faire rendre par l'autorité.

Le principe de la justice élémentaire est de ne pas nuire à autrui, pour qu'on ne nous nuise pas à nous-mêmes.

Soyez juste, pour avoir la paix ; sinon, vous n'aurez plus ni trêve ni répit, et, en définitive, vous souffrirez cent fois plus de maux que vous n'en aurez faits, et vous répéterez avec indignation : Mais c'est injuste ! C'est ainsi que la nature nous inculque le goût de la justice.

Elevons-nous un peu De ce qu'aucune organisation sociale ne peut exister sans qu'immédiatement l'autorité impose aux subordonnés l'obligation d'observer la justice entre eux, il s'ensuit que la justice est une loi naturelle, ou un mode imposé par la nature à l'homme vivant en société. Il a sans doute la liberté absolue de sortir de ce mode, mais il s'expose alors à ce que l'autorité tourne contre lui, pour le punir, toutes les forces du corps social.

L'observation de la justice est donc dans l'ordre stable des choses. Sans que nous le voyions d'abord clairement, elle nous est aussi nécessaire que l'air pur. Nous la voulons chez les autres, où elle nous paraît belle, et quand nous la pratiquons nous-mêmes, nous éprouvons cette satisfaction intérieure qui résulte d'une fonction normale de notre être : la connaissance de cette satisfaction intime est proprement la bonne conscience. Que si nous avons éludé les prescriptions de la justice, nous ressentons, au contraire, un malaise; et le sentiment de ce malaise, c'est ce que nous nommons la mauvaise conscience. Il s'y mêle la crainte d'un mal à venir, qui est encore dans l'ordre naturel des choses, et dont nous avons l'intuition.

§

La justice est une chose négative : elle consiste à ne pas nuire ; mais, pour notre bonheur, il ne suffit pas de ne pas nuire, il faut encore que nous donnions quelque chose.

La douceur nous a paru être la chose générique. Elle comprend la douceur proprement dite, la bienveillance, la politesse, la bonne grâce, le secours immédiat... peut-être davantage.

« Rien ne vaut la douceur, » dit Homère.

« Heureux ceux qui sont doux, dit Jésus, car ils posséderont la terre. » Ici le divin maître ne parle pas d'un autre monde, ce sont les biens terrestres qu'il promet.

Ce n'est pas seulement l'injustice qui nous

paraît laide; mais la justice même, quand elle s'accompagne de trop de raideur, de dureté, ne nous semble plus belle. Il y faut encore de la douceur. *Summum jus, summa injuria* : une justice rigoureuse est une parfaite injustice, disaient les Romains, qui avaient commencé par être les plus durs de tous les hommes.

Do ut des : je donne afin que tu donnes. Tel est le principe de la douceur. C'est un pacte que nous offrons à tous. Les meilleurs l'accepteront. Quant aux méchants, elle les excite aussitôt à en profiter contre nous; mais cet état de douceur, tout à fait exempt de ruse, nous met dans une condition merveilleuse de lucidité pour les voir venir et de fermeté pour les écarter, car la douceur n'exclut ni la méfiance, ni le courage, ni l'emploi de ce courage pour notre légitime défense. La douceur a donc cet avantage immédiat de faire le tri entre les bons et les méchants : tandis que les premiers s'attachent à nous, les autres se démasquent tout de suite, et ne prennent pas la peine de s'insinuer dans notre confiance, jusqu'au jour où ils frappent.

La douceur nous procure ce que le bonheur

terrestre comporte de plus délicat, le commerce des honnêtes gens.

La douceur est le caractère distinctif de la bonne compagnie, si bien nommée. On y observe avec joie le pacte de bienveillance réciproque, et chacun y éprouve « la douceur de vivre. »

§

Modération dans les désirs; mesure en tout; modestie.

Voici peut-être la chose la plus incompréhensible de la condition humaine, mais c'est un fait certain, à savoir qu'il y a une mesure à garder, non pas seulement dans nos erreurs, c'est trop clair, mais encore dans le bien, oui, dans le bien.

« Il y a une mesure à garder dans les choses »; « rien de trop », disaient les anciens. « Ne sois pas trop sage », dit Montaigne. « Qui veut faire l'ange fait la bête », dit Pascal. « D'être trop bon, le loup vous mange », dit le peuple.

Celui qui, d'un vol enthousiaste, s'élance vers la lumière, son âme y peut arriver, mais il doit faire le sacrifice de son bonheur terrestre. Mesurez donc vos forces, et si vous prétendez à être un héros, sachez être un martyr.

« Les dieux sont jaloux des hommes », disaient encore les anciens. Prends garde de te croire avancé dans la voie du bien, dit quelque part et en d'autres termes l'*Imitation*, sinon tu tomberas plus bas que ceux qui te paraissent les plus méprisables. Cela s'adresse à ceux qui veulent s'élever au-dessus de la terre, et qui pourtant ne peuvent renoncer au monde et à la vie. *Libido optimi, pessima*, dit Tacite : les dérèglements des meilleurs sont les pires de tous.

Car, en ce monde, il est nécessaire que nous commettions des fautes ; c'est une loi naturelle, un mode qui nous est imposé à tous, qui rentre dans l'ordre stable des choses. Tant que nous tenons à la terre, nous sommes des « papillons à bottes fortes. » Il faut donc nous résigner à commettre des erreurs et ne pas les regretter indéfiniment, ce qui nous abat. Je dirai même qu'il ne faut pas craindre outre mesure d'en commettre, de peur de paralyser en nous toute initiative ; l'important est de n'y pas persévérer, comme le recommande le mélancolique dicton latin : « Se tromper, c'est chose humaine ; mais persévérer dans le mal, c'est chose diabolique. »

Et puisqu'il faut que nous nous trompions, ne soyons donc pas trop sévères les uns pour les autres, et soyons indulgents entre nous ; mais, conformément au précepte, ne le soyons pas trop.

La seule explication qu'il semble qu'on puisse tenter de cette condition imposée à l'homme, c'est qu'il est nécessaire que l'homme voie le mal chez les autres pour le haïr et, par contre, aimer le bien ; qu'il faut que lui-même se trompe pour en subir les conséquences et perdre tout orgueil, enfin pour déplorer l'imperfection de sa propre condition et en souhaiter ardemment une autre supérieure qui lui permette de s'élever plus haut dans le bien et d'obtenir un bonheur plus complet.

IV

L'homme naît avec une tendance invincible au bonheur ; il cherche donc son propre bien. Mais, chez ses semblables, il n'admet pas la nécessité de cette tendance, et il leur impose catégoriquement l'obligation de diverses manières d'être ; c'est ce qu'il nomme le devoir.

Il est parfaitement convaincu, et nullement hésitant dans ses arrêts. Les autres doivent être intelligents, courageux, justes et charitables. Quant à lui-même, il sent bien qu'il est tenu d'autant, mais il vacille souvent entre son devoir et ce qu'il croit être son intérêt.

Eh bien, il ne se trompe pas de beaucoup dans le jugement qu'il porte sur les autres, si ce n'est qu'il leur demande un peu trop, rien moins en effet que la perfection.

La loi qu'il leur impose, est la même dans tous ses termes, intelligence, courage, justice et douceur, identiquement la même que celle prescrite par l'expérience pour obtenir le bonheur possible sur la terre. Nous avons dit : dans tous ses termes ; rectifions, l'expérience seule découvre la mesure ; le sens moral l'ignore.

La nature nous a donc donné le moyen, par les jugements que nous portons sur nos semblables, de connaître ce que nous devons faire nous-mêmes pour notre plus grand bien, et comme elle est bonne (toujours dans la mesure), et fort spirituelle, elle veut que constamment nous fassions de la morale aux autres, et qu'à leur tour les autres nous en fassent, si bien que ce monde soit une école mutuelle de morale.

Moralisons-nous donc les uns les autres, mais gardons la mesure, et en pareille matière ne plaisantons pas trop et ne soyons pas non plus trop graves. Ne montons pas sur un piédestal en nous posant en modèles et en vitupérant de trop haut les vices de notre temps, car chacun peut se rendre ce témoignage, même le moraliste le plus austère, en détournant le sens d'un vers de Lucrèce, qu'il est homme et que rien d'humain ne lui est étranger.

LE BIEN SOCIAL

LE BIEN SOCIAL

─❦─

Les sociétés humaines se forment d'abord par la nature des choses, et dans le commencement connaissent surtout la suprématie de la force. Mais à mesure que s'éclaircit la notion du bien et de sa nécessité, le véritable objet de la société se dégage. La raison affirme la nécessité pour chacun, dans son intérêt et dans celui des autres, du bien matériel, du bien intellectuel et du bien moral.

C'est parce que le bien est affirmé nécessaire par la raison, que l'on emploie les mots de droit et de devoir. Au fond, le droit naturel n'est autre chose que la manière d'être droite, c'est-à-dire la bonne, ou tout simplement le bien. Mais telle est la puissance de la notion de la nécessité du bien, qu'au mot de droit s'attache l'idée de créance, comme dans les locutions : droit à la vie, droit à l'instruction. Le terme de droit ne signifie faculté que lorsque le bien revendiqué est reconnu nécessaire et garanti par la société. C'est alors le droit positif, qui doit avoir pour idéal le bien. En fait, le droit positif consacre à l'origine la prépondérance de la force, laquelle est, généralement, le résultat de l'intelligence et du courage, soit dans l'homme, soit dans ses auteurs; ce n'est qu'après un long temps que l'humanité s'y introduit pour consacrer le droit des faibles.

A titre de devoir, l'homme prescrit à tous ses semblables de travailler à leur propre bien et d'aider à celui des autres.

Le bien est donc le véritable intérêt, le bien est le droit, le bien est le devoir.

Il y a deux belles expressions qui pourraient suppléer le mot bien, ce sont celles de l'utile et du juste. Mais l'utile vrai, c'est le bien. Le juste, c'est le droit, c'est donc encore le bien. Or, tout le monde entend ce dernier mot, qui ne prête à aucune équivoque autre que la suivante : les hommes, en général, cherchent leur bien ; par leur bien, ils n'entendent pas toujours le vrai bien ; cependant ils savent suffisamment le sens de ce dernier terme, et ils savent aussi que c'est seulement au vrai bien qu'ils peuvent honorablement prétendre.

Le bien, tel est le véritable but naturel de l'homme, telle est la loi qui lui est prescrite, tel doit donc être l'objet de la société. Et l'on arrive à cette conclusion : les sociétés naturelles doivent tendre à devenir des associations d'assistance mutuelle, en vue du bien de tous les hommes de bonne volonté. L'on emploie aujourd'hui, dans le sens de cette formule, l'expression de solidarité, qui signifie seulement responsabilité, et qui par conséquent est vague ; or, le vague est dangereux en matière de principe, parce qu'on peut lui faire dire ce qu'on veut.

Le principe du bien est évident ; on peut le méconnaître en fait, mais nul n'oserait le contester ouvertement. L'important est de savoir que ce principe est le seul, et qu'il n'en existe aucun autre, sous quelque beau nom qu'on puisse le présenter : liberté ou égalité; il faut que la liberté soit contenue dans les limites du bien, il ne faut pas que l'égalité soit contraire au bien.

Le principe du bien public a toujours animé les grands princes et les véritables hommes d'État; et c'est pourquoi tant de bien existe déjà dans la société.

Mais la notion du bien public a été longue à dégager. Le bien social, en tant qu'objet de gouvernement, était à peu près réduit, dans la cité grecque, d'abord à la paix civile au moyen de cette justice rudimentaire qui se borne au respect de l'ordre de choses établi, et ensuite à la conservation des citoyens par l'union militaire contre l'étranger. Les Romains élevèrent lentement la justice jusqu'à la notion de l'humanité. Les barbares la ramenèrent à son point initial, et le bien social ne fut plus défendu que par l'Église. La royauté en reprit la cause avec Louis VI, mais dut pendant longtemps se contenter de défendre le peuple contre les féodaux. L'union nationale contre l'étranger commença de s'affirmer à Bouvines, et saint Louis éleva très haut la justice royale : c'était le bien moral qui triomphait. A la Renaissance, François Ier conçut le bien intellectuel qui, à dater de lui, fut un objet de gouvernement, mais la culture était réservée à une élite. Enfin Henri IV donna une forme précise à l'idéal social avec « la poule au pot » ; et pour cette pensée, si humble en apparence, si grande en réalité, il est demeuré le roi le plus cher à la mémoire des Français. Tel est le dernier terme de l'évolution de la notion du bien ; non que le bien matériel domine le bien intellectuel et le bien moral, mais il en est la base, car pour avoir de nobles sentiments, ou seulement pour penser, il faut d'abord vivre.

Mais encore que le bien social fût complètement défini depuis Henri IV, sa nécessité n'était pas reconnue, ni en ce qui concerne la vie matérielle, ni pour la vie intellectuelle, ni même pour une bonne justice. Louis XIV, qui eut des côtés si grands, pensait encore « qu'il n'est pas bon que le peuple soit trop heureux », et, en conséquence, l'on taillait à miséricorde. L'expression de la pensée, même la plus élevée, demeura précaire jusqu'à la fin de l'ancien régime; les charges de justice furent toujours vénales.

La Révolution s'est faite au nom de la justice, mais d'abord sur une question de bien matériel, à savoir la modération des charges excessives qui pesaient sur le peuple. Depuis, nous voulons le bien social, mais la notion en a été obscurcie par des mots sur lesquels on ne s'entend plus; elle se dégage de nouveau enfin sous la formule de « justice sociale » qui est vraie, mais trop savante. Qu'est-ce, en effet, que la justice sociale? Étymologiquement et réellement, c'est l'obéissance pour tous; c'est, pour le juge, la loi, même injuste; c'est, pour le législateur, l'art de conformer la loi à un idéal d'humanité; tel est le dernier sens dans lequel on emploie l'expression de « justice sociale »; et, dans ce sens, elle est incontestable, mais moins précise que le terme de bien, lequel contient la chose même, c'est-à-dire tous les éléments du bonheur et de l'ennoblissement de l'homme.

Étant expliqué que le bien de tous est le véritable fondement du droit social, il nous arrivera d'employer les expressions d'intérêt, d'utile et de juste, de légitime, de droit et de devoir, comme synonymes de nécessaire et de bien.

Monarchique ou républicain, et quelle que soit son origine, le pouvoir souverain doit être considéré comme la gérance d'une association d'assistance mutuelle; il consiste à faire les lois, à rendre la justice et à gouverner.

Dans chacune de ces fonctions, il doit avoir en vue le bien du pays, et dans le gouvernement il doit même s'élever à une conception supérieure au bonheur des individus; il doit concilier cette ambition avec une autre ambition plus haute : guider la nation vers la grandeur. Il n'y a point contradiction, car la sûreté et le bien du pays sont dans la même direction que sa grandeur; mais celle-ci, tout en contribuant au bonheur des citoyens, le dépasse autant que la durée d'un peuple dépasse la durée d'un homme. La conciliation des deux buts consiste à ne pas viser à la grandeur au détriment du bien des citoyens; le pouvoir doit tenir compte d'abord du bien des citoyens, puis de la grandeur de la nation. C'est en voulant obtenir prématurément la grandeur, qu'on empêche le bien des individus ; il faut que la grandeur accompagne le bien, en le suivant comme une conséquence de l'application par le pouvoir du principe du bien, tant aux citoyens d'abord, qu'aux étrangers ensuite. La grandeur du pays ne laisse pas d'élever les individus; les générations prennent successivement leur part de cette grandeur; or, au-delà du bonheur, la vraie destinée de l'homme, celle voulue par la nature, c'est l'élévation de son âme. Donc, l'homme d'État qui, tout en veillant à la sécurité et au bien des particuliers, travaille aussi à la grandeur du pays, ne fait que remplir sa haute mission dans ce qu'elle a d'essentiel. La grandeur de la nation fait partie du bien social.

Les conditions ou moyens du bien social qui paraissent offrir le plus d'intérêt, sont : la famille et la propriété individuelle, l'assistance proprement dite, l'assurance mutuelle et l'éducation publique, l'enseignement et le développement des arts nécessaires, la protection du producteur et celle du consommateur, enfin la défense du pays et l'action extérieure.

I

Depuis un siècle, quelques-uns ont remis en question la légitimité de la famille et de la propriété individuelle.

La famille est une agrégation d'ordre naturel; le législateur qui interdirait la cohabitation d'un homme et d'une femme qui s'aiment, courrait grand risque de voir son autorité méconnue; s'il leur retirait leurs enfants, il exciterait la révolte et le désespoir de bien des mères.

Comment abolir cette société naturelle? Les uns ont rêvé le communisme des femmes. Qu'entendent-ils par là? Est-ce à dire que les femmes deviendraient des esclaves publiques? Grande conception! Car l'expression « communisme des femmes » ne saurait s'entendre autrement; en effet, si la femme est indépendante, elle n'est pas une chose commune à tous les hommes.

D'autres ont préconisé l'union libre. Les enfants prendraient le nom de leur mère. L'homme, nécessairement exclu de cette agrégation, apparaîtrait sous des aspects variés, par accident. L'union libre, c'est le droit de s'unir à volonté et de se quitter de même. Les chiens la pratiquent; mais beaucoup d'animaux n'en veulent pas.

Fera-t-on observer que l'union libre peut comporter une déclaration publique préalable, des empêchements pour cause d'union déjà existante ou de parenté, le devoir de fidélité mutuelle, des obligations solidaires envers les enfants; et en raison de ce dernier point, un délai légal entre deux unions pour la femme, afin de discerner la paternité; enfin, une formalité de séparation, l'attribution des enfants au plus digne, et un règlement d'intérêts? Mais alors, c'est le mariage.

Or, le mariage, c'est la famille. La famille est une institution naturelle et sacrée. C'est un lien précieux entre les infortunés êtres humains; nul autre milieu n'est plus favorable à l'enfant. Loin d'affaiblir la famille, il faut plutôt la fortifier et l'étendre jusqu'à la commune et à la société tout entière; la fortifier entre les parents et les enfants par une juste définition des devoirs réciproques, et, par le même moyen, l'étendre à la commune et à la société.

Les bases de la famille sont le devoir d'assistance mutuelle et le droit de succession.

Le devoir d'assistance des enfants envers leurs parents est simple, il se résout en aliments; mais le devoir d'assistance des parents envers leurs enfants est complexe.

Le devoir des parents est incontestablement celui-ci : ils doivent élever leurs enfants aussi bien que possible, et les établir convenablement selon leur propre situation.

Ils doivent bien les élever : c'est-à-dire qu'ils leur doivent tous les soins que réclament le corps, l'esprit et l'âme.

Ils doivent les établir, c'est-à-dire qu'ils doivent leur donner au moins un métier utile.

Cette question du métier, c'est la moitié de la question sociale.

Jusqu'où la famille doit-elle aller légalement ?

Il semble bien que la réponse est celle-ci : la

famille va jusqu'où peut aller le devoir d'assistance. Il y a une limite à la possibilité de remplir ce devoir. A cette limite doit s'arrêter la famille légale.

Actuellement, en France, l'assistance est limitée à la ligne directe de parenté ou d'alliance, sauf pour la tutelle ; tandis que le droit de succession *ab intestat* s'étend jusqu'au douzième degré collatéral. Le droit de succession *ab intestat* est trop étendu ; le devoir d'assistance ne l'est peut-être pas assez.

Entre frères et sœurs, on peut admettre que l'on se doit assistance. De même entre oncles et tantes d'une part, neveux et nièces d'autre part ; ajoutons encore grands-oncles et grandes-tantes, petits-neveux et petites-nièces.

Au-delà de ce degré de parenté, l'on commence à être bien peu unis par le sang. D'ailleurs le devoir d'assistance doit avoir des bornes raisonnables pour ne pas devenir trop difficile. Nous admettrions volontiers que ce degré fût considé comme le terme de la parenté légale. Plus d'assistance, plus d'hérédité *ab intestat*. Aussi bien, l'on ne saurait aller chercher la parenté jusqu'où elle peut aller naturellement, et il vaut mieux, au-delà de ce degré, considérer la commune et l'État comme tenant lieu de famille.

La commune est une agglomération de familles, formée d'abord par le rapprochement des habitations. Cette circonstance rapproche également des intérêts qui deviennent communs, tels que les questions de l'eau, des chemins, de la police locale, etc.

Mais, en dehors de ces intérêts, il est d'autres questions qui doivent concerner la commune.

La commune seule peut utilement et par conséquent doit veiller à ce que, dans les familles, les parents remplissent leur devoir; elle doit suppléer les parents, s'ils viennent à manquer à leurs enfants de quelque manière que ce soit; la commune devenant ainsi une grande famille.

Les grandes villes doivent être considérées, à cet égard, comme formées de plusieurs communes; il faut que tous les habitants d'une commune d'assistance puissent se connaître; telle est la règle qui doit limiter leur nombre.

La commune doit faire ce que la famille ne peut ou ne veut pas faire, sauf les sanctions à

4.

établir contre ceux qui manquent à leur devoir.

Ce principe étant appliqué, les enfants sont bien élevés, tant au physique qu'au moral, et dotés d'un métier, à l'exception de quelques réfractaires, contre lesquels on sévira pour les amener à se soumettre, dans leur propre intérêt.

La commune doit protéger non seulement les enfants, mais encore tous ses administrés qui réclament légitimement son assistance, tels que les malades, les infirmes, les pauvres, sauf le droit de la commune de n'assister les pauvres valides qu'en leur procurant du travail, et d'exercer les droits de ceux qu'elle assiste contre les familles qui doivent l'assistance.

En cas urgent, la commune doit assister même les étrangers à la commune, sauf son recours contre l'État, lequel exercerait à son tour son action contre la commune française ou le pays étranger qui devrait l'assistance.

En retour de ces devoirs, la commune a un droit évident, non seulement sur les successions *ab intestat* au-delà d'un certain degré, mais encore sur une quotité des biens laissés par leurs administrés ou qui leur échoient par succession.

Actuellement l'État seul recueille les successions en deshérence, et perçoit seul les droits de mutation par suite de décès.

L'État assure les grands services, il fait ce que les communes ne peuvent faire ou ce qu'il fait mieux qu'elles.

C'est pourquoi on lui demandera de veiller à ce que les communes remplissent leur devoir d'assistance, et d'être, par ses magistrats, l'arbitre entre les individus et les communes.

La commune doit assister ses faibles; et l'État doit, à son tour, assister les communes trop chargées.

La question sociale serait ainsi résolue sur le premier point de l'intérêt légitime de chacun : le droit à la vie.

*
* *

Dans ce qui précède, nous avons admis la légitimité de la propriété individuelle. Il nous paraît bien superflu d'établir cette légitimité, tant elle est évidente. Cependant, malgré son évidence, on ose la nier. D'autres veulent bien la reconnaître, mais réclament l'expropriation de ceux qui possèdent et le partage égal des biens entre tous les citoyens.

Le collectivisme est une « théorie sociale qui, supprimant la propriété individuelle, la remet tout entière entre les mains de l'État. » (Littré.) Cette définition, dans sa simplicité, est fort spirituelle ; car si cette théorie triomphait, l'État, ce seraient ses apôtres : « C'est nous qui sommes l'État maintenant, diraient-ils ; à nous la caisse ».

La communauté des biens n'est pas impossible, mais dans une communauté religieuse, ou dans une famille patriarcale, comme il en existe encore, sauf erreur, en Serbie ; elle ne saurait exister même seulement entre plusieurs familles. Sans doute, les habitants d'une commune peuvent avoir des biens en communauté, comme on le voit partout ; mais ces biens communs n'excluent pas la propriété individuelle. Des célibataires peuvent s'accommoder de la communauté des biens, non les familles entre elles. Qu'elles aient des biens communs, soit ; mais l'universalité, c'est contraire à l'esprit même de la famille. La communauté des biens entraîne donc l'abolition de la famille; or, la famille ne peut être abolie, et elle entraîne la propriété individuelle, qui devient donc, ainsi que la famille, une institution naturelle et sacrée. Nous nous bornerons à cette observation; le lecteur suppléant abondamment les raisons tirées de l'intérêt personnel comme mobile de l'activité et producteur de la richesse.

Quant au partage égal des biens, dont on voit immédiatement la conséquence, c'est-à-dire la nécessité de le recommencer sans cesse, il semble que ce soit une plaisanterie. C'en est une, sans aucun doute, mais présentée avec assurance; c'est aussi la meilleure réclame électorale dans les faubourgs des grandes villes.

Il y a pourtant un atome de fondement dans ces divagations, à savoir que tous naissent avec quelque droit à la terre, ou à l'équivalent de ce droit. C'est là une déduction que la justice et l'humanité imposent au cœur de tout homme. Mais, après tout, l'équivalent de ce droit à la terre, c'est le droit à la vie; et nous avons vu plus haut qu'on y peut donner satisfaction.

Parmi les différentes manières d'acquérir la

propriété, les seules qui soient sérieusement contestées sont le droit de succession, le bénéfice de l'entrepreneur et celui du capital.

Le penseur qui n'envisage que la justice au sens du bien idéal, et qui néglige de considérer la réalité des choses, déplore l'inégalité des conditions entre des enfants, tous, comme il semble, nés innocents et égaux en droits; et par la générosité du sentiment qui se déploie naturellement dans l'abstraction pure et désintéressée, il est amené à conclure que le droit personnel de succession est un errement barbare qui doit être aboli pour faire place à un droit vraiment droit, à savoir le droit de la communauté à la succession de tous les héritages, afin d'en répartir le produit entre tous les enfants, pour l'employer à leur éducation et à leur établissement.

Mais pour supprimer le droit personnel de succession, il faudrait que toutes les nations s'entendissent; sinon, les pays qui le maintiendraient verraient affluer chez eux tous ceux qui veulent laisser leurs biens à leurs enfants. Et à supposer, chose impossible, que toutes les nations s'entendent, un puissant mobile de l'activité humaine disparaîtrait; or, l'activité, intellectuelle ou physique, est la source de tous les biens : ce serait un appauvrissement général.

Ainsi, la conclusion du penseur paraît juste en principe, et, pourtant, elle est inapplicable, peut-être pour de bonnes raisons que la Divinité connaît. Mais si elle est inapplicable dans son intégralité, elle ne l'est pas en partie : on peut l'appliquer dans une certaine mesure, sans provoquer l'émigration ou l'appauvrissement; soit en attribuant à la commune et à l'État les successions *ab intestat* au-delà d'un degré à déterminer, soit en prélevant des droits de mutation par décès sur tous les héritages; et cela se pratique pour l'État depuis longtemps. Mais pour que fût justifiée parfaitement l'attribution à la communauté de ces successions ou de ces droits, le produit devrait en être spécialement affecté à l'éducation et à l'établissement des enfants pauvres, ou tout au moins partagé entre cette destination et l'assistance auprès de tous les faibles.

La question du bénéfice de l'entrepreneur et celle de l'intérêt du capital sont presque toujours liées ensemble. Un propriétaire possède une lande qui ne lui rapporte rien; il la fait planter en ceps et bien soigner son vignoble; deux ou trois ans après, il obtient une bonne récolte, qui, bien traitée, donne un excellent vin; dix ans après, de cette lande d'abord improductive, il a tiré une fortune, bien qu'il n'y ait point travaillé de ses mains. Un tailleur sans clientèle s'avise le premier de faire confectionner des vêtements d'hommes sur des mesures approximatives; il les expose dans une boutique qui s'achalande aussitôt; bref, il s'enrichit avec la seule exécution de son idée. Un mercier de la rue de Sèvres imagine de se contenter d'un petit bénéfice et de reprendre tout objet que le client regrette d'avoir acheté; quelques années après, il est à la tête d'une maison colossale, où l'on vend tout ce qui concerne le vêtement et l'ameublement; il a mille employés; il est millionnaire, et il s'est borné à surveiller. Ou bien, c'est le canal de Suez, c'est la mine d'Anzin, c'est telle entreprise de transport, qui procurent d'immenses bénéfices à leurs entrepreneurs et aux capitaux engagés.

Nous ne nous attarderons pas à démontrer la légitimité en principe des bénéfices de l'entrepreneur et du capitaliste. Proudhon lui-même reconnaît que la pensée humaine est le plus grand élément de la fortune publique. Quant au capital, il est nécessaire dans toute entreprise, et il faut l'attirer par un bénéfice, non pas toujours certain, mais possible. Si les ouvriers de beaucoup d'usines imitent ceux de telle société de construction, desquels les exigences ont déjà dévoré deux fois le capital social, il arrivera que l'argent préférera s'employer dans des pays où l'ouvrier sera plus modeste, et bien des chantiers de travail, aujourd'hui en activité, seront obligés de se fermer.

Quelle est la pensée de chacun pour améliorer sa condition? C'est d'employer utilement son activité en vue de se constituer un capital, que ce capital consiste en terre, en maison, en atelier, en magasin, en argent. L'instruction professionnelle est aussi un capital, de même que la valeur personnelle en général. Or, quel ouvrier sensé admettra que le paresseux doit recevoir la même part que l'homme laborieux, l'incapable que l'habile? Quel propriétaire admettra que d'autres puissent jouir de sa terre sans rétribution, de sa maison sans loyer, enfin de son argent sans intérêt? La classe bourgeoise se recrute sans cesse parmi des ouvriers de bonne volonté qui deviennent propriétaires. L'un des éléments de la solution de la question sociale, c'est la multiplication du nombre des propriétaires. Sous ce rapport, la solution est beaucoup plus avancée en France que partout ailleurs; conduire l'ouvrier à la propriété, c'est la meilleure démonstration du droit du capital à un bénéfice.

La propriété individuelle étant un droit naturel, il s'ensuit qu'il ne peut être question de dépouiller ceux qui possèdent par aucune voie ouverte ou détournée, comme par l'impôt progressif sur le revenu, qui serait le prélude de la révolution sociale. Il n'existe, en effet, aucune base rationnelle de progression; et toute progression peut dégénérer aisément en spoliation. L'impôt ne doit donc être que proportionnel, sauf l'exonération des plus pauvres.

Il n'existe qu'un seul moyen pour le pauvre d'améliorer sa condition, c'est de travailler; par le travail, il peut conquérir sa place dans la classe aisée et, de faible qu'il est, devenir fort; son devoir, à son tour, sera d'aider les faibles de bonne volonté, comme il aura été aidé lui-même dans ses commencements ou dans ses vicissitudes. Car la propriété crée des devoirs : le devoir de celui qui a de la fortune est d'abord de bien comprendre, de sentir, lorsqu'il interroge le mystère de l'Univers et de la vie, que si son droit de propriété est inviolable, pourtant il n'est, lui, que le dépositaire de ses biens. Il a le droit d'en user pour lui-même et pour les siens, et de se procurer tous les agréments honnêtes de l'existence, mais il doit réserver la part qui revient aux malheureux. Il a le grand devoir, le grand honneur, la haute fonction sociale, la mission divine d'exercer l'assistance.

II

Ceux qui ont le plus besoin d'assistance sont d'abord le malade, l'infirme et le vieillard pauvres, puis l'enfant moralement abandonné, le malheureux qui n'a pas de métier, enfin l'ouvrier qui manque de travail. Nous avons tâché d'observer un ordre décroissant.

Quant à l'ouvrier en général, il y a lieu de le protéger contre les industries insalubres ou dangereuses, de mettre l'assurance à sa portée, puis de l'élever au sens propre du mot; enfin, par un bon enseignement professionnel et un bon régime économique, d'améliorer autant que possible sa condition.

L'erreur varie à l'infini, mais on ne saurait émettre une idée juste qui soit nouvelle. Ce qui nous rassure au sujet de l'assistance par la commune de tous ses faibles, et de l'assistance par l'État des communes trop chargées, c'est que cette idée est partout depuis trente ans, et qu'elle a reçu un commencement d'application. Quant aux diverses formes de l'assistance, on peut admettre qu'il n'y en a pas à inventer, et que toutes sont déjà pratiquées quelque part, surtout à Paris : la nomenclature des œuvres publiques ou privées de bienfaisance a fourni la matière d'un supplément du journal le *Temps* du 25 décembre 1894, huit pages d'impression en trois colonnes, et M. Henry Michel, en présentant ce travail, avertit le lecteur qu'il est loin d'être complet.

M. Henry Michel indique sa source principale, le *Manuel des Œuvres*, de la librairie Poussielgue (édition de 1894); l'*Office central des institutions charitables* opère en ce moment une vaste enquête nationale et même internationale, dont il se propose de publier les résultats, sur l'ensemble des œuvres d'assistance.

L'*Office central*, 175, boulevard Saint-Germain, a pour but de servir de lien entre les œuvres charitables dans le pays tout entier. Il rapproche les bienfaiteurs et les pauvres, qui se cherchent sans se connaître. Il renseigne les uns et les autres sur les œuvres spéciales auxquelles ils ont besoin de recourir. Il s'efforce de pratiquer l'assistance par le travail dans la mesure la plus large, et a déjà fondé plusieurs œuvres à cet effet.

La plus importante des institutions charitables est l'*Assistance publique*, avec ses hôpitaux, ses hospices, et ses bureaux de bienfaisance.

Puis viennent la *Société philanthropique*, 21, rue des Bons-Enfants, et la *Société de saint Vincent de Paul*, avec leurs fourneaux, leurs dispensaires, leurs asiles temporaires; le *service des enfants assistés*, aux bureaux de l'*Assistance publique;* les œuvres privées: *Société de charité maternelle, Société protectrice de l'enfance, la Pouponnière*, etc.; les *crèches* municipales et privées; l'*Union française pour le sauvetage de l'enfance;* les *secours d'orphelins* accordés par l'*Assistance publique*, les *orphelinats* municipaux ou départementaux; de nombreux orphelinats privés dans tous les arrondissements de Paris; le *service des enfants moralement abandonnés*, aux bureaux de l'*Assistance publique;* la *Société générale de protection pour l'enfance abandonnée ou coupable*, 47, rue de Lille, œuvre fondée et présidée par M. Georges Bonjean, fils du magistrat fusillé par la Commune ; les *œuvres d'apprentissage*, dont quelques-unes sont à surveiller ; les *œuvres de patronage ;* les *maisons de famille*, telles que le *Foyer de l'ouvrière*, 60, rue d'Aboukir, qui fournit des repas à bon marché et une salle de lecture ; les *œuvres de réhabilitation* des détenus libérés ; les *refuges* de femmes ; les *bureaux de placement gratuit ;* les *secours de grossesse* alloués par l'*Assistance publique ;* les *asiles maternels ;* les *maisons de veuves ;* les *œuvres de loyer, de mariages, de consultations juridiques gratuites ;* les *maisons de retraite* des vieillards ou à destination spéciale ; l'*Œuvre des enfants tuberculeux*, 35, rue de Miromesnil ; le *dispensaire Furtado-Heine*, dû à la généreuse bienfaitrice de ce nom, 8, et 10, rue Delbet ; les *secours aux convalescents* accordés par l'*Assistance publique ;* les *maisons de convalescence :* asile national de Vincennes, du Vésinet, Vacassy, etc. ; les *institutions nationales*, bien connues, des *Sourds-muets* et *des Aveugles ;* l'*Association Haüy* pour le bien des aveugles ; enfin les *établissements d'aliénés*, où les surveillants sont à surveiller.

Après cette nomenclature abrégée, si l'on se reporte à la classification rationnelle des infortunes, l'on voit que toutes sont prévues. Mais ce n'est pas à dire qu'il n'y ait plus à s'en préoccuper, car les œuvres publiques sont trop défectueuses, et les privées ne sont pas assez généralisées; quelques-unes n'offrent pas des garanties suffisantes; il y a des gens qui escroquent sous prétexte de charité; certaines œuvres accordent jusqu'à 40 0/0 du produit des quêtes à domicile à leurs collecteurs, recrutés par voie d'annonces. A cet abus il faut opposer l'interdiction de toute quête à domicile : les œuvres honorables n'en usent pas, sauf les bureaux de bienfaisance, mais ils ne sont pas à proposer en exemple.

Si l'on recherche le remède à l'insuffisance des garanties de certaines œuvres privées, il apparaît clairement que l'on doit exclure d'abord de toute œuvre charitable la moindre occasion de lucre; toutes les fonctions doivent y être gratuites, et exercées par des personnes justifiant de moyens d'existence, sauf les emplois très inférieurs, à défaut de volontaires. De plus, les œuvres privées doivent être autorisées sur la présentation d'un certain nombre de personnes honorables et solvables, se portant caution de la gestion ; aucune somme ne doit être recouvrée que contre une quittance détachée d'un registre à souche, ce qui n'empêche pas de recouvrer à domicile sur lettre des donateurs, seul mode sérieux et pratique, après avis dans les journaux ou prospectus distribués. Enfin, la comptabilité doit être imprimée en fin d'exercice, avec les noms des donateurs en regard des sommes encaissées; c'est ainsi qu'on procède dans les œuvres de premier ordre.

Quant aux œuvres officielles, leur défectuosité est grande ; et si l'on en recherche la cause, on la trouvera encore dans le salariat des fonctions et aussi dans la politique de parti. Il n'est pas douteux que l'on trouverait des volontaires dans la classe aisée pour remplir ces fonctions sans rétribution et en dehors de tout esprit de parti. Et dans les emplois inférieurs, on doit préférer les salariés qui offrent le plus de garanties de vocation et qui sont les plus désintéressés, comme les religieux et religieuses. On n'a pas le droit de refuser leurs services pour motif de religion, attendu qu'ils s'offrent pour une fonction purement humanitaire et non religieuse. Il est naturel que le parti au pouvoir s'efforce de proscrire toute propagande hostile, faite au moyen de l'assistance; mais il ne doit pas non plus faire de l'assistance un instrument de parti. L'assistance doit être un terrain neutre.

Les grandes œuvres privées sont infiniment plus recommandables que l'Assistance publique, telle qu'elle est aujourd'hui; chez elles, la gratuité des fonctions est la règle, et l'on n'y fait pas de politique. Beaucoup, il est vrai, sont catholiques, d'autres protestantes, d'autres juives; mais il en est de laïques, qui ne font aucune distinction de culte; ce sont celles-ci surtout que nous avons en vue. Mais ces œuvres sont notoirement insuffisantes; elles n'étendent leur action que sur un rayon trop restreint; elles disposent de ressources trop étroites. Telles sont, entre autres, la Société philanthropique et la Société générale de l'enfance abandonnée ou coupable. De telles œuvres doivent être imitées partout et avoir leur part des contributions publiques. Ainsi, les œuvres privées font mieux que l'Assistance publique, mais elles manquent de moyens; l'Assistance peut tout, mais elle est au-dessous de sa tâche. De ce rapprochement, le remède se dégage : il consisterait à introduire dans l'Assistance publique l'esprit qui anime les grandes œuvres privées, à en bannir les traitements et la politique.

L'assistance doit être d'abord communale, autant que possible, puis d'arrondissement ou départementale, ou même nationale, lorsqu'il y a avantage à centraliser une œuvre.

L'assistance doit être publique, mais non politique. Par exemple, les souscripteurs de l'assistance à partir de 20 francs par an éliraient dans chaque commune les fonctionnaires gratuits de l'assistance : ces fonctionnaires organiseraient les services par l'élection entre eux, et ils éliraient aussi les fonctionnaires gratuits de l'assistance d'arrondissement, qui organiseraient les services par l'élection entre eux ; ceux-ci éliraient les fonctionnaires gratuits de l'assistance départementale, qui organiseraient les services par l'élection entre eux ; enfin ces derniers éliraient les fonctionnaires de l'assistance nationale, qui organiseraient les services par l'élection entre eux. Le président de l'assistance communale nommerait aux emplois salariés ; de même les présidents des assistances d'arrondissement, départementales et nationale. Tout fonctionnaire gratuit devrait justifier auprès de ses collègues de moyens d'existence, puis prêter serment en justice de remplir ses fonctions dans un but purement humanitaire, et en dehors de tout esprit de parti politique ou de toute préférence religieuse. Les fonctions d'assistance seraient incompatibles avec toute fonction municipale ou politique. Le gouvernement aurait un droit de contrôle sur la bonne administration de l'assistance. Le service de l'assistance serait surtout une grande institution sociale, ayant pour base le dévouement de la classe aisée à la classe pauvre.

En principe, l'assistance publique serait alimentée par la charité privée ; mais si celle-ci ne suffisait pas à faire face aux dépenses nécessaires, le déficit serait à la charge de la commune pour l'assistance communale, du département pour l'assistance départementale, et de l'Etat pour l'assistance nationale. Mais il ne s'agit ici que de l'assistance proprement dite.

En dehors de l'assistance proprement dite, jamais le service de l'assistance publique, service qui pourrait s'étendre à des formes très variées d'assistance mutuelle, ne pourrait prétendre à une créance contre la commune ou contre l'Etat.

Au-dessus de l'assistance unilatérale, il y a l'assistance commutative ou l'assurance mutuelle, qui crée à l'assuré un droit déterminé.

Le législateur a favorisé les sociétés de secours mutuels; il a institué une caisse nationale d'assurances contre les accidents, une caisse de retraites pour la vieillesse. Il est assurément fort regrettable que les assurances ne puissent être obligatoires; mais l'étude de la question, étude confirmée par l'expérience en Allemagne, condamne le principe de l'obligation en cette matière. A défaut de prévoyance des intéressés, il y a l'assistance; mais l'assurance est certainement préférable pour l'individu. L'assistance lui est accordée sous une forme qui peut ne pas toujours lui convenir, tandis que l'assurance lui crée un droit qui se résout en argent et lui laisse la liberté de vivre comme il l'entend. C'est une vérité qu'il importe de faire comprendre à tous.

Il y a une assurance mutuelle qui est de droit, c'est l'indemnité due par la commune aux victimes de troubles. Ce principe est reconnu par la loi française, excepté le cas où la commune n'a pu prévenir les troubles; dans ce cas, l'État devrait être responsable, et cette responsabilité devrait exister envers toutes victimes de la guerre civile ou de la guerre étrangère, la communauté devant garantir chacun. En fait, l'État français indemnise ces victimes, mais il ne veut pas reconnaître leur droit. Il a tort, parce qu'en temps de guerre il ne faut pas que le particulier puisse hésiter entre son intérêt privé, non assuré, et l'intérêt public, qui exige en temps de guerre la destruction de toute provision, et même de toute habitation, plutôt que de les livrer à l'ennemi. L'assurance est encore de droit pour les victimes des crimes privés, excepté les crimes de famille ou leurs analogues, car la victime d'un voleur ou d'un assassin de profession est une victime d'un ennemi de la société tout entière. Quant à l'indemnité due aux victimes de condamnations reconnues injustes, elle ne fait plus question en principe, et plusieurs États l'ont déjà inscrite dans leurs lois.

III

Vient ensuite cette forme supérieure de l'assistance, qui est l'éducation ou la direction vers le vrai, le bien et le beau. Il importe de mettre sous les yeux de l'ouvrier la réalité des choses d'abord, puis de le placer dans les conditions du bien, enfin de lui montrer le beau, et de le lui montrer moins en paroles qu'en fait. L'homme éclairé s'assagit tout seul; l'homme qui est dans le bien éprouve l'impression de satisfaction qu'il communique toujours, et cet homme-là ne peut faire autrement que de préférer le bien au mal; enfin l'homme ne peut voir ce qui est vraiment beau sans l'admirer et sans lui rendre hommage.

Les choses telles qu'elles sont, ou la réalité inéluctable, c'est l'inégalité des conditions, c'est l'impossibilité d'établir cette égalité, même par l'égalité des droits ou le partage réitéré des biens, puisque les êtres humains sont naturellement inégaux soit physiquement, soit intellectuellement, soit sous le rapport du courage : il y aura toujours des individus mieux doués qui s'élèveront au-dessus des autres; il y aura toujours des forts et des faibles, des pauvres et des riches.

Mais il y a aussi des vérités consolantes : le haut patronat fait beaucoup pour l'ouvrier, et l'on ne saurait trop répandre par voie d'affiches des extraits de discours tels que celui prononcé par M. Loubet, dans la séance du Sénat du 2 avril 1895. L'ouvrier lit les affiches, et il y verrait de belles et bonnes vérités comme celles-ci :

« Permettez-moi de vous montrer ce que font certaines institutions. Voici, par exemple, ce que donnent à leurs employés les six grandes Compagnies de chemins de fer, sous forme de pensions de retraite, de secours, ou d'indemnités de toutes sortes; les chiffres sont éloquents :

« La Compagnie Paris-Lyon-Méditerranée donne 11 millions; l'Ouest, 4 millions; le Nord, 5 millions; le Midi, 4 millions; l'Orléans, 6 millions ; l'État (1), 700,000 francs ; et, en y ajoutant les primes, on arrive à un total de 42 millions. Voilà ce que les Compagnies font pour améliorer le sort de leurs employés.

« Les exploitations de mines en France font tous les ans, dans le même but, des sacrifices considérables : le total des sommes versées par elles, en 1890, a été de 11 millions, et de 15 millions en 1894, soit 56 0/0 du bénéfice de l'exploitation.

« Et à côté de cela, combien y a-t-il d'associations privées, de grandes industries qui font des sacrifices semblables pour leurs ouvriers ! J'estime que le président du Conseil pourrait faire une œuvre utile en donnant cette statistique et en faisant connaître une part de ce que l'État, les départements, les communes et les particuliers font pour améliorer le sort de la classe ouvrière ; ce serait là un enseignement utile, capable de répondre à ces déclamateurs qui calomnient leur pays, disant, jusqu'à la tribune de la chambre des députés, que la France ne fait rien pour l'ouvrier ! »

(1) Les chemins de fer de l'État

Le haut patronat ne se borne pas à bien faire, il appelle l'ouvrier à ses conseils et lui expose les raisons qui le guident dans la fixation des salaires, tantôt plus élevés, tantôt moins. Il y a des chambres d'explication qui fonctionnent aux mines de Marlemont; des délégués des ouvriers y assistent. « On a éclairé l'ouvrier, dit M. Joseph Chailley-Bert, dans le *Journal des Débats*, sur le caractère vrai de toute entreprise, sur ce qu'elle comporte d'aléa, sur ce que peut et ne peut pas un patron, sur les obstacles qu'offrent les choses et contre lesquels l'entrepreneur reste sans action. Ils se sont alors graduellement élevés à la notion vraie de l'industrie et à l'intelligence de son mécanisme. Ils se sont aperçu que tous les patrons ne sont pas riches, que tous ne sont pas des voleurs; ils ont admis qu'un patron n'a qu'une action limitée dans le marché, que les faits lui résistent, et qu'eux, ouvriers, à leur tour, sont forcés de s'incliner comme lui. »

Il ne faut pas exagérer la puissance de l'État en matière d'éducation publique; elle est grande, mais elle ne suffit pas à tout. Il ne peut guère faire obstacle à la liberté de la parole, du livre ou du théâtre; mais seulement poursuivre devant la juridiction compétente la provocation au crime et la répression des outrages à la morale publique; et c'est une tâche fort ingrate, encore que très utile et infiniment méritante. Mais où il pourrait agir assez facilement et avec une efficacité certaine, c'est contre l'intoxication du peuple par l'alcool non rectifié et contre les boissons à essences. Il faut d'abord rectifier l'alcool, puis élever toujours de plus en plus les droits sur ces horribles denrées. Il faut enfin étudier le moyen de supprimer le cabaret pour le remplacer par des établissements philanthropiques.

Nous relevons les lignes suivantes dans le *Petit Journal* du 29 mars 1895 :

« Si encore les conséquences de l'alcoolisme s'éteignaient avec l'alcoolique ! Mais les alcooliques sont des gens très prolifiques. Ils font des enfants avec une prodigalité qui ne mériterait que des éloges, si la qualité répondait à la quantité. Mais quelle qualité ! Déjà l'enfant d'un père alcoolique ne vaut pas cher. Mais quand le père et la mère associent leur absinthisme, vous jugez du produit. Épileptiques, idiots, fous ou phtisiques, telle est la descendance certaine de l'ivrognerie à deux.

« Dans une brochure sur *l'Alcool et la dépopulation*, le docteur Salomon, de Savigné-l'Évêque, cite l'exemple d'une famille d'alcooliques. Le ménage a eu douze enfants; c'est une belle lignée. Mais, de ces douze enfants, huit sont épileptiques et quatre sont tuberculeux. Jolie acquisition pour la société. Songez que ces épileptiques et ces fous feront souche de nouveaux aliénés et transmettront leur tare à une descendance de plus en plus nombreuse. On comprend les Américains qui proposent sérieusement d'enlever radicalement aux alcooliques la faculté de procréer.

« M. Lancereaux ne va pas aussi loin. Il se contente des remèdes suivants :

« Diminuer l'impôt sur le cidre, la bière, le vin et les boissons dites hygiéniques.

« Surélever au contraire l'impôt sur l'alcool de boisson.

« Réduire dans une forte proportion le nombre des cabarets.

« Interdire la consommation de l'absinthe et

des boissons généralement connues sous les noms d'amers, d'apéritifs, etc.

« C'est encore suffisamment radical. Mais avant qu'un député ose même émettre les propositions des deux derniers articles, il coulera, je crois, beaucoup d'eau sous les ponts et beaucoup d'absinthe dans les verres. »

Il faudrait favoriser la construction de maisons ouvrières salubres, commodes, agréables, et d'où la promiscuité soit bannie par le confort élémentaire. Ces habitations peuvent rapporter 5 0/0 net, avec des loyers plus modérés que les loyers payés actuellement par l'ouvrier.

Qui construirait ces habitations? L'assistance communale, à qui l'on confierait, dans ce but, des fonds de la Caisse d'épargne, lesquels seraient représentés dans la caisse par des obligations; pour le surplus, un capital-actions serait fourni soit par la commune, qui aurait un droit de préférence, soit par l'assistance elle-même, soit par des particuliers. L'assistance et la commune faciliteraient l'acquisition de ces actions par les ouvriers, au moyen de la vente à crédit et du paiement par petits versements.

L'initiative privée donne d'admirables exemples, tant pour les habitations que pour les restaurants populaires ; nous mentionnerons la *Société philanthropique,* la *Société française des habitations à bon marché,* et ces œuvres ne sont pas les seules. A la dernière assemblée de la *Société française,* M. Aynard a fait part des résultats obtenus par la *Société des logements économiques de Lyon :*

« Le premier capital a été fourni par une heureuse association de la Caisse d'épargne et de particuliers. Je vous signale l'utilité de cette coopération. A la fin de 1894, nous possédions 1,051 logements, habités par près de 5,000 personnes, et tous composés de deux pièces au moins. Et nous avons gagné, net, un peu plus de 5 0/0. Vraiment, par le temps qui court, je me demande si nous ne sommes pas des usuriers !... Vous voyez qu'on peut faire une bonne affaire en même temps qu'une bonne action. Aujourd'hui, les titres de la Société des logements économiques de Lyon sont cotés, parmi les plus sûres valeurs, à la Bourse de notre ville ; des notaires les indiquent pour les remplois dotaux...

Nous avons construit nos immeubles à un tiers moins cher que ceux qui les environnent, et nous faisons payer nos loyers un tiers moins cher que les autres propriétaires : de 96 à 250 francs l'an.

« Nous avons aussi créé une Société d'alimentation. Nous donnons 1,200 repas économiques par jour dans une salle, 2,000 repas dans une autre plus récente. Et certains avares de Lyon viennent, en cachette, se nourrir chez nous!... Nous gagnons 7 0/0 sur notre cuisine; et nous avons fait baisser de 25 à 30 0/0 le prix des aliments et des boissons, de même que nous avons fait baisser le prix des loyers. »

Avec une excessive modestie, M. Aynard conclut en disant que rien n'est facile comme de faire partout ce que ses amis et lui ont fait à Lyon : « Il ne faut, pour cela, qu'un peu de cœur et de bon sens, et beaucoup de persévérance... »

L'assistance publique, telle que nous l'entendons, n'exclurait jamais l'initiative privée; car il ne convient pas à une institution publique de se livrer à des essais. A côté de l'assistance publique, c'est l'initiative privée qui tenterait les expériences, et la première profiterait de ces expériences. Quand elles auraient réussi d'une manière incontestable, elle pourrait s'adjoindre les nouveaux services éprouvés par l'initiative privée; et au lieu d'œuvres isolées et exceptionnelles, partout où le nouveau mode d'assistance serait nécessaire, il serait appliqué sans délai par l'assistance publique.

L'assistance publique serait décentralisée dans toute la mesure possible; et cette décentraisation rendrait impossible l'accaparement de l'assistance par les socialistes, sinon sur des points isolés, d'où l'on pourrait toujours les déloger, s'ils s'écartaient du juste et du bien, tandis qu'une grande administration centralisée est conquise dès que son siège central est envahi.

Ainsi garantie contre ce péril, l'assistance pourrait aller très loin dans la voie du bien matériel, sauf expériences préalables par l'initiative privée.

Après les habitations et les restaurants populaires, elle organiserait, avec les mêmes moyens financiers, des établissements d'approvisionnement alimentaire — les sociétés de consommation démontrent les services qu'ils pourraient rendre — et des établissements de vente à crédit de tous les objets utiles : outils, vêtements, objets mobiliers. Le petit commerçant en détail est un rouage actuellement trop coûteux, qui tend d'ailleurs à disparaître ; il deviendra l'employé ou le directeur très utile de ces halles de la production et de la consommation. L'ouvrier producteur pourra recevoir un salaire plus élevé ; l'ouvrier consommateur paiera le prix juste ; l'employé, le directeur seront rétribués équitablement ; celui-ci ne courra aucun risque de mauvaises affaires ; la plupart y gagneront ; et ce gain représentera ce que le commerce en détail, avec son organisation actuelle, prélève en trop, ou ce qu'il perd. Les grands magasins de Paris démontrent qu'une telle organisation est possible ; et il ne faut pas en laisser le profit à quelques-uns. Les établissements de vente à crédit le démontrent également, mais ils sont actuellement plutôt nuisibles, étant souvent aux mains d'habiles qui attirent l'ouvrière surtout par l'appât de l'inutile.

Il faut favoriser les placements de l'épargne ; ceux-ci trouveraient un emploi excellent en obligations et en actions de sociétés d'habitations ouvrières et de sociétés de consommation. L'ouvrier devenu actionnaire, c'est-à-dire co-propriétaire des habitations ouvrières de la commune et des magasins d'approvisionnement, la propriété lui paraîtrait inviolable, comme elle l'est en effet; et le capital n'aurait pas de défenseur plus résolu, comme on le voit actuellement par le petit propriétaire ou le petit patron. La propriété serait ainsi à la fois collective et individuelle.

Il y aurait lieu d'organiser des sociétés entre les habitants d'une commune ou d'une section de commune, sociétés dont feraient partie les bourgeois comme les ouvriers, et ayant pour objet le secours en cas de chômage faute de travail, excepté le cas de grève.

Ces sociétés rapprocheraient les meilleurs éléments de la classe aisée et de la classe ouvrière; parmi ces éléments, il y en a qui n'ont actuellement aucun terrain commun, si ce n'est quelquefois à l'armée. Ce rapprochement aurait d'excellents effets, car les gens du monde ont naturellement du goût pour les ouvriers. Cela pourrait conduire à des réunions où seraient invités tous les membres de la société. Dans ces réunions, le bureau de la société rendrait compte de ses opérations, et, cet honnête et utile prétexte satisfait, on écouterait quelque lecture intéressante, relative, par exemple, à un récent voyage d'explorateur français, ou à un épisode de l'histoire nationale d'après une publication nouvelle. On entendrait de la musique, du chant; l'on verrait représenter les meilleures scènes d'une belle pièce classique; des hommes seulement dans ces réunions, si ce n'est en scène. Ces récréations seraient dirigées dans le sens de la vénération de l'honneur et de la patrie; on en bannirait rigoureusement toute discussion politique ou religieuse. Quand les ouvriers qui auraient assisté à ces réunions amicales sur un pied d'entière égalité avec les gens du monde, se retrouveraient avec leurs camarades récalcitrants et qu'ils entendraient ceux-ci déclamer, ils hausseraient les épaules et les détromperaient; ils les engageraient à adhérer à l'association de secours mutuels, et ils les amèneraient aux réunions d'où les mauvaises têtes sortiraient parfois bien changées. En sorte qu'un temps viendrait où les éléments irréductibles se tiendraient seuls en dehors de ces sociétés. Ces sociétés auraient un objet déterminé de bienfaisance, mais leur tendance principale serait vers un but de véritable fraternité sociale. A Paris, quelques maires organisent des bals au profit des bureaux de bienfaisance. C'est bien, mais l'assistance pourrait faire mieux, en visant le chômage, qui est un malheur trop peu secouru, et en attirant les meilleurs éléments de la classe ouvrière pour se lier avec elle; ils sont d'ailleurs nécessaires pour les renseignements sérieux sur les ouvriers sans travail. Cela n'empêcherait pas les bals bourgeois de bienfaisance.

Rien de plus utile que les bibliothèques communales où tous puissent trouver, sans bourse délier, de bons livres à emporter afin de passer la soirée en famille.

La Légion d'honneur est une grande institution, mais on n'en peut user qu'avec parcimonie. Pourquoi n'existerait-il pas un ordre du Mérite, sans autre qualificatif, qui ne comporterait qu'un grade, et qui ne serait décerné que sur la proposition de l'assistance, en dehors de toute politique de parti? Cette décoration serait une récompense de la conduite privée; comme toute décoration en France, elle serait fort enviée, et avec raison. Le gouvernement doit s'appliquer à glorifier partout l'honneur, l'honneur privé aussi bien que l'honneur public. On pourrait ne pas être trop avare de cette décoration et y faire participer les femmes dans une large mesure. L'honneur privé, c'est le salut de la famille et la sauvegarde de la propriété; l'amour de la patrie, c'est l'union entre les citoyens et le salut de l'État.

IV

L'instruction proprement dite est préliminaire à l'enseignement professionnel. Elle doit être claire, utile, autant que possible intéressante, et enfin élevée.

Notre sujet effleure l'enseignement secondaire, qui conduit aux professions libérales, et l'enseignement supérieur. Or, nous avons de bons professeurs qui entretiennent et accroissent sans cesse la lumière parmi nous. Peut-être même est-il vrai de dire que ce que la France offre aujourd'hui de plus distingué aux yeux d'un observateur impartial, c'est son corps enseignant. Et cela n'est nullement indifférent à la question du bien social.

C'est à la science que nous devons les progrès de l'hygiène publique et, comme conséquence, une diminution de la mortalité. Nous lui devons des progrès dans l'agriculture et dans l'industrie, progrès auxquels sont liés ceux du commerce. L'étude des questions économiques, si importante pour le bien-être général, et poursuivie en dehors de tout intérêt personnel, est due en principe à l'enseignement, qui a formé les esprits au travail intellectuel; de même la vulgarisation par la presse de notions utiles ou élevées, qui rendront finalement plus de services que les mauvais journaux ne feront de tort, car la vérité seule demeure. D'ailleurs, la littérature en général contribue à éveiller l'esprit de chacun; et l'esprit, c'est la première condition de toute amélioration, même matérielle. Enfin, les beaux-arts forment le goût des chefs d'industrie et des ouvriers, et inspirent ainsi des modèles d'objets manufacturés qui obtiennent la préférence de l'acheteur sur le marché commercial; ils ont encore un titre à notre gratitude : par leurs œuvres, l'architecture, la peinture, la sculpture, la musique, nous donnent à tous le sens et l'amour du beau, et par une conséquence certaine, l'horreur du mal et du trouble où il se plaît. Le bien et l'harmonie, tel est le but auquel tous concourent.

Là est l'âme du pays, mais son corps est dans l'agriculture, l'industrie et le commerce. Ces bons arts pratiques produisent pour tous la nourriture, l'habitation, le vêtement et toutes les commodités de la vie. S'ils languissent, tout souffre, et l'État même est en péril, soit du côté de l'étranger, soit pour la paix civile. Ce sont les causes immédiates de l'aisance générale et de la puissance du pays.

Nous avons besoin de bons agriculteurs, de bons industriels et de bons commerçants, et nous n'avons que faire d'une surabondance de médiocrités parmi les avocats, les médecins, les gens de lettres et les artistes. Hormis le cas d'une vocation certaine, ces grandes professions ne doivent pas être disputées aux gens aisés qui sont beaucoup mieux en état de les exercer que ceux qui sont obligés de leur demander tout de suite des moyens d'existence. Dans l'intérêt même de ceux que la fortune n'a pas favorisés, il est infiniment préférable de demander la vie matérielle aux métiers fondamentaux, qui ne laissent jamais mourir de besoin un homme de bonne volonté.

L'enseignement professionnel pour l'agriculture, l'industrie et le commerce, peut se réduire à l'apprentissage chez un agriculteur, un industriel, un commerçant.

Mais l'instruction publique, la direction des individus, l'aide qui leur est nécessaire, ne doivent pas se borner à l'enfance ni à la jeunesse; elles doivent s'étendre, avec discrétion sans doute, mais avec ardeur dans la mesure convenable, à tous les membres de la société, notamment aux moins éclairés et à ceux qui prennent le plus de peine : gouverner, le mot le dit, c'est conduire.

L'agriculture a besoin de conseils, de direction et même de collaboration. L'industrie a toujours eu à se louer de l'intérêt pris par l'État à ses progrès : qu'il nous suffise de rappeler ce qu'a fait Colbert et les résultats qu'il a obtenus. Enfin, le commerce est puissamment secondé par les avis des consuls à l'étranger.

Il faut à l'agriculture une direction régionale, un peu de crédit, de bons engrais et de bonnes semences.

Les questions qui intéressent les agriculteurs d'une région doivent être résolues par un syndic, et exécutées aux frais de qui de droit, nonobstant toute opposition. La nécessité d'une intervention de la puissance publique est apparue avec évidence lorsqu'on a vu des propriétaires champenois s'opposer à l'arrachement de vignes sur des points phylloxérés : ils exposaient leurs voisins à la contagion ; il a fallu protéger ceux-ci et protéger les propriétaires récalcitrants contre eux-mêmes. Cette nécessité existe contre tout fléau ou pour tout besoin général, par exemple, contre les inondations, pour le drainage ou l'irrigation. Le syndic régional doit être un ingénieur agricole, souvent en tournée, faisant des conférences, visitant les cultures, distribuant ses avis, et toujours prêt à répondre.

Peut-être la réforme de notre régime hypothécaire permettrait à nos agriculteurs de se procurer de l'argent moyennant un faible intérêt, tandis qu'ils sont obligés de renoncer à beaucoup d'améliorations fructueuses, faute de prêteurs. A défaut de ceux-ci, et vu l'importance de l'objet, il n'y aurait rien d'excessif à ce que les communes avançassent à leurs administrés le prix des engrais et des graines qui leur sont nécessaires pour mettre la terre en pleine valeur.

Il devrait y avoir, dans les communes agricoles, un tableau indiquant les engrais minéraux, avec leur destination à chaque nature de sol et à chaque culture. Pour éviter les fraudes des marchands d'engrais et leurs exigences de prix, l'ingénieur agricole aurait un laboratoire d'essayage et indiquerait les prix vrais. Le ministre de l'agriculture pourrait, après enquête, agréer des fournisseurs dont les noms seraient affichés dans les mairies. Il ne s'agit point ici de monopole, mais d'une concurrence aux marchands de mauvais engrais.

Chaque commune doit avoir aussi un tableau indiquant les meilleures graines, et le ministère pourrait agréer de même des fournisseurs, sans préjudice de l'examen des fournitures par l'ingénieur agricole ; tant est grande l'importance du choix des graines, comme de la qualité des engrais! Par exemple, la consoude rugueuse du Caucase donne cinq fois plus de fourrage vert que le trèfle ou la luzerne; elle croît dans tous les terrains, dans le nord comme dans le midi, et en temps de sécheresse comme en temps de pluie.

Or, il est parfois impossible de se procurer une semence déterminée; le marchand ne se fait pas faute d'en envoyer une autre quelconque, s'il n'a pas la graine demandée, et l'on s'en aperçoit trop tard, comme pour le mauvais engrais.

Avec de l'argent, de bons avis, de bons engrais et de bonnes graines, l'agriculture générale d'un pays ne peut faire autrement que d'atteindre son maximum de production de la meilleure qualité. Reste la question des accidents locaux, principalement la grêle, pour laquelle l'assurance peut être nationale et obligatoire.

Si de l'art agricole nous passons à l'industrie en général, nous retrouvons la question ouvrière proprement dite.

Il faut avoir les meilleurs ouvriers possible et qu'ils retirent de leur travail le plus possible.

Pour avoir de bons ouvriers, il faut un bon apprentissage. Si la famille de l'enfant ne fait pas son devoir à l'égard de l'apprentissage, la commune doit y pourvoir, appuyée au besoin par le pouvoir judiciaire et la puissance administrative de l'État.

Un apprentissage quelconque ne suffit pas, il faut qu'une industrie soit bonne et que l'apprenti arrive à la bien connaître. On n'admettra pas comme un apprentissage sérieux celui d'une industrie non classée, inutile ou sans valeur artistique, et par conséquent aléatoire. L'apprentissage doit avoir pour objet une industrie utile ou artistique, et, par conséquent, d'un revenu certain.

Il faut que l'apprenti arrive à bien connaître son métier. On doit envisager le devoir du patron et celui de l'apprenti. Le patron est responsable, même sous forme de dommages-intérêts, du défaut de progrès de l'apprenti ; il doit s'en séparer, s'il n'en peut rien obtenir. L'apprenti peut être contraint dans une école professionnelle de l'État. Enfin, comme sanction, l'on en arrive à reconnaître la nécessité d'un brevet à délivrer à la fin de l'apprentissage, brevet attribuant à l'ouvrier le titre de maître en son art. Ceux qui n'auront pas obtenu ce diplôme ne pourront louer leur travail qu'à un prix inférieur, et seront mal reçus à s'en plaindre. C'est ainsi que l'ouvrier sera amené à faire tous ses efforts pour devenir bon et obtenir enfin sa licence. Sinon, il sera réduit à la condition de servant, comme les garçons maçons et plombiers, et confiné en somme dans la grande classe servile, avec les domestiques et les hommes de peine, tandis qu'au contraire, comme le disait About, un bon métier manuel bien exercé est une profession très libérale.

Il y a de très honnêtes gens dans la condition servile, mais il ne doit pas être permis d'y destiner un enfant, même ceux nés de parents dans cette condition. Il y aura toujours assez de gens qui ne pourront pas s'élever au-dessus de cette condition.

Pour parfaire l'enseignement professionnel et ne pas s'en remettre aux particuliers sur la question des progrès industriels, il est nécessaire, au même titre que l'État a de grandes écoles pour les ingénieurs et les contremaîtres, qu'il y ait aussi des établissements modèles de chaque grande industrie, où l'apprenti, pour achever son instruction technique, où les ouvriers maîtres es-arts eux-mêmes, et surtout les chefs d'industrie, puissent voir employer le meilleur outillage et appliquer les meilleures méthodes. Des établissements privés recommandables peuvent être subventionnés dans ce but. Bien entendu, il n'est pas question ici de concurrence faite par l'État à l'industrie, mais bien de modèles à lui offrir.

Grâce à la qualité de l'ouvrier et à celle de l'outillage, l'industrie produira beaucoup, et bien, et au meilleur compte. Pour cette triple raison, elle sera favorisée sur le marché commercial.

Quant à la participation aux bénéfices, il existe de bons modes de l'organiser, comme on l'a vu à l'Exposition de 1889 (1), et les entreprises qui pratiquent un de ces modes s'en trouvent bien. On peut citer des exemples, et notamment l'entreprise de peinture Leclaire, à Paris.

Cependant le salaire est une forme de rémunération qui, pour beaucoup, subsistera toujours. Il a le grand avantage d'être fixe, tandis que le

---

(1) Aujourd'hui, au Musée social, 5, rue Las Cases. Ce musée, ouvert en 1895, est dû à la libéralité de M. le comte de Chambrun.

bénéfice est aléatoire; et ce qu'il faut d'abord à l'ouvrier, c'est la certitude d'un profit. Le capital lui-même peut rentrer dans la règle du salaire, par l'intérêt, qui est une rétribution fixe; et l'on voit qu'il préfère souvent l'intérêt modique de la rente d'État, ou des obligations de chemins de fer, au risque du placement en actions. Nombre d'entrepreneurs renoncent également aux chances variées de leur situation, pour devenir les employés salariés de grandes entreprises par actions.

Il faut bien montrer aux ouvriers, comme on le fait en Angleterre, que leur avantage n'est pas toujours de réclamer et même d'obtenir par des coalitions une augmentation de salaire. L'important, pour eux, est non pas tant d'avoir beaucoup à un moment donné, que d'être assurés de trouver toujours du travail et de gagner leur vie, même modestement. En somme, c'est à l'intelligence, et souvent au courage aventureux de l'entrepreneur, qu'ils doivent de travailler; sans lui, ils n'auraient pas d'ouvrage. Les ouvriers ne sauraient avoir pour but de le mettre en perte, et de l'obliger à cesser son exploitation; pourtant, c'est à cette extrémité qu'ils peuvent le réduire. Mais alors c'est le chômage pour eux. Qu'ils se méfient des politiciens qui les poussent à la grève ; qu'ils se méfient des ouvriers de l'étranger, leurs concurrents et non leurs alliés dans la lutte pour la vie, même lorsque ceux-ci leur envoient des dons; qu'ils se méfient encore des membres de leurs syndicats, qui prennent souvent une attitude agressive à l'égard des chefs d'entreprise, afin de se créer une popularité très intéressée; qu'ils pensent plutôt à leur véritable bien, qui est de travailler constamment et de se faire distinguer par leur mérite; enfin, que ceux qui ne veulent pas prendre part aux grèves sachent s'unir pour résister aux méchants qui prétendent les contraindre par la force.

Dans la question des ouvriers étrangers, ce qui importe à un pays, c'est beaucoup moins de faire acte de libéralisme envers les étrangers, que d'assurer la prospérité de son industrie et le bien-être des ouvriers nationaux.

Les ouvriers étrangers qui connaissent bien leur métier, peuvent aider à la prospérité de notre industrie lorsque nous n'avons pas assez de bons ouvriers. Mais ils ne doivent pouvoir être employés qu'à défaut d'ouvriers français.

Quant à la question de la protection du travail par les droits de douane, c'est une question sur la solution de laquelle de bons esprits diffèrent, et varient même d'une époque à une autre. On a vu l'Angleterre protectionniste et libre-échangiste ; de même l'Allemagne. Il semble bien que la vérité dans cette matière est à peu près ceci : pour les industries où l'on est supérieur aux autres, et où par conséquent on ne les craint pas, on doit être libre-échangiste, ouvrir son marché aux étrangers, et tâcher de se faire ouvrir les leurs par des traités ; dans les industries où l'on est inférieur, il faut protéger le travail national par des droits de douane pendant un temps, pour permettre aux patrons de se procurer, même à l'étranger, de bons ouvriers, sous lesquels s'en formeront d'autres, et un bon outillage. Mais cette protection douanière ne doit pas se perpétuer, sous peine d'encourager l'indolence des producteurs nationaux au détriment du consommateur, et sans profit pour les ouvriers, qui auraient tout avantage à connaître de meilleures méthodes, et bientôt à produire et gagner plus qu'auparavant.

Nous ne pouvons, paraît-il, produire le blé qu'à un prix double de celui de l'Inde rendu chez nous. Est-ce vrai? Les agronomes prétendent qu'on obtient des résultats miraculeux avec des engrais minéraux appropriés et de bonnes semences. Quoi qu'il en soit, c'est une culture nécessaire, à laquelle nous ne saurions renoncer, n'étant pas maîtres des communications maritimes en temps de guerre. Conséquence : de forts droits de douane, toujours en définitive payés par le consommateur, et notamment par l'ouvrier français. Eh bien, il vaudrait mieux qu'on subventionnât directement les producteurs de blé, à la condition qu'ils missent en pratique les méthodes des agronomes.

La raison d'être du haut commerce, c'est d'approvisionner le pays de tout ce dont il a besoin, et de lui faire vendre tout ce qu'il produit.

La fonction sociale du négociant est donc de premier ordre : elle lui impose des devoirs et lui crée des droits à l'égard de tous. Sans doute, on ne saurait interdire aux étrangers d'établir des maisons de commerce en France; mais, en principe, l'acheteur français doit s'adresser à un commerçant français, à moins d'avantages évidents.

A prix égal, à qualité égale, le commerçant français ne doit vendre que des produits français.

Le commissionnaire en marchandises, type du grand négociant, doit connaître parfaitement les marchés étrangers, savoir où se procurer ce qui manque en France, et où écouler les produits français. Il doit, à prix égal et à mérite égal, préférer les moyens de transport français.

Aide et assistance mutuelle entre nationaux, tel est le devoir social. Nous sommes liés ensemble comme une grande famille. N'oublions jamais les obligations que cette situation nous crée.

Nous avons de grandes écoles commerciales, et l'on favorise l'envoi de jeunes gens sur tous les points du monde, afin d'y apprendre les conditions du commerce international. C'est dans cette voie que la petite bourgeoisie doit engager de préférence ses enfants, au lieu de les destiner au fonctionnarisme et aux professions libérales, ou de les laisser s'entêter des lettres, des beaux-arts, surtout de politique. Ce sont des jeunes gens assez instruits, qui ont peu de goût pour les métiers manuels, et qui en ont trop pour les carrières supérieures. Le commerce sur place en France ne leur offre pas toujours un attrait suffisant. Leurs parents ont assez de ressources pour leur faire apprendre les éléments d'une ou deux langues étrangères; avec ce bagage, qu'on les lance à travers le monde, au lieu de les tenir à l'attache. La jeunesse est enivrée à la seule pensée de voyager, et elle s'en acquitte très bien. Les Français sont sociables; ils seront bientôt appréciés par les maisons de commerce étrangères auxquelles ils auront été recommandés, et ils prépareront partout des comptoirs qui seront des débouchés pour les produits de l'industrie nationale.

Le travail étant ainsi organisé et secondé, l'État assure l'aisance générale, par conséquent des revenus aux communes pour faire face à leurs charges, et à lui-même de bonnes finances, élément essentiel de la sécurité et de la prospérité d'un pays. Il suffit ensuite qu'il ne remanie pas légèrement un système d'impôts éprouvé, et qu'il ne s'engage pas inutilement dans des complications extérieures.

V

Il est évident que tous les citoyens ont intérêt à ce que l'ennemi étranger ne vienne pas leur imposer son joug. Seuls, les pires éléments d'en bas, ou même d'en haut, peuvent ne pas redouter ce malheur.

Donc, dans toute la mesure où le service militaire est nécessaire, l'État a le droit de l'exiger de chacun.

Il en résulte que le service militaire obligatoire pour tous existant chez nos rivaux, le gouvernement est bien obligé de l'établir chez nous. D'ailleurs, c'est une grande école de courage où nous avons plus à gagner qu'à perdre.

Mais il ne faut pas que cette école de courage soit une moins bonne école sous d'autres rapports; il ne faut pas non plus que le soldat soit retenu au corps plus longtemps qu'il n'est nécessaire. Donc, tout en ménageant avec sollicitude les forces des hommes, il faut faire en sorte qu'ils soient constamment occupés, tant à l'instruction militaire qu'à des récréations en commun, telles que lectures, chant, musique, représentations théâtrales, organisées par les plus aptes sous la direction des officiers ; et le mieux serait que le soldat vécût de la vie de camp, non de la vie de caserne. La dépendance où se trouvent les soldats vis-à-vis des sous-officiers ne doit pas tourner en une cruelle servitude, qui puisse leur inspirer l'horreur du service. D'autre part, il faut faire tous les sacrifices pour améliorer le sort des sous-officiers, élever leur niveau et les attacher à leur carrière. L'important est d'avoir assez d'excellents sous-officiers de profession. Ce sont les sergents qui font l'ossature de l'armée.

L'État peut-il légitimement engager des guerres coloniales ? Oui, si elles sont commandées par l'intérêt du pays.

Mais l'histoire montre que dans cette voie nous avons toujours travaillé pour l'Angleterre. De même autrefois nous nous obstinions à conquérir l'Italie, et nos efforts tournaient finalement au profit de l'Autriche, de l'Espagne ou de la maison de Savoie ; cependant que le point faible de la France a toujours été sa frontière nord-est, et que nous ne devons jamais songer à une guerre qui n'a pas pour objectif la rectification de cette frontière. A cette guerre-là nous devons toujours penser, parce que c'est la guerre nécessaire, c'est la guerre libératrice, c'est la guerre glorieuse, même dans les revers. Attendons aussi longtemps qu'il faudra, sans nous laisser émouvoir par aucune provocation ; attendons la conjoncture favorable qui ne saurait manquer de se produire un jour, afin de combattre ce bon combat, et ne nous préparons pas pour ce jour-là une déclaration de guerre par l'Angleterre, désireuse de prendre nos colonies.

Si encore nous tirions de nos colonies des avantages tels que l'Angleterre sait en tirer des siennes, l'on pourrait soutenir qu'il n'est pas indifférent pour pour nous d'en avoir, même temporairement. Mais qui ne sait que nos colonies sont colonisées par des étrangers et exploitées par eux soit pour l'industrie, soit pour le commerce? Nous savons bien les gouverner, mais pour les autres.

La puissance maritime de l'Angleterre, jointe à son génie colonisateur, industriel et commercial, fait d'elle la nation conquérante par excellence. Ses conquêtes sont des affaires, et si bien faites qu'elles enrichissent même les pays conquis, et les transforment en grands États dignes d'être comparés à ceux de l'Europe. L'Angleterre n'a pas les mêmes causes de guerre que les États continentaux : la question de frontière n'existe pas pour elle. Ainsi assurée, et cependant débordante de vie, elle est condamnée à sortir de son île, à courir les mers, et à prendre pied sur toute terre. Mais nous, comme les autres États continentaux, toujours inquiets de nos frontières, nous sommes condamnés à rester chez nous, c'est-à-dire à ne pas tenter au-delà de ces frontières de grandes entreprises militaires, mais seulement, en cas de nécessité, quelque action passagère.

Et puisqu'il en est ainsi, pourquoi ne pas faire de nécessité vertu? Toujours nous avons eu à regretter d'être sortis de nos frontières naturelles,

Donc, tenons-nous-y. Et si nous ne pouvons nous parer d'un empire colonial utile et durable, enfermons-nous dans le rôle que la nature nous assigne. Il est beau, il est grand. En outre, il est dans nos moyens. Notre passé y répond, notre tempérament s'y plaît.

Ce rôle, c'est celui de champion de l'humanité dans le monde. La France est la première nation qui ait aboli le servage, elle a fait les croisades, elle a porté dans toute l'Europe le drapeau de l'émancipation des peuples, elle a versé son sang pour délivrer l'Italie; c'est la seule nation qui ait fait la guerre pour des idées, quelquefois fausses, mais toujours généreuses, et tout est là. Le monde entier le sait si bien qu'il n'est point un étranger civilisé qui ne regarde la France comme sa seconde patrie.

On objectera que ce serait là une attitude de Don Quichotte qui pourrait nous entraîner dans des mésaventures fâcheuses, comme il arriva au héros de Cervantès. Non, si nous ne devenons pas affectés et outrés, ce à quoi, grâce à Dieu, la France n'est pas naturellement disposée; il suffit qu'elle soit elle-même, c'est-à-dire noble sans effort. Elle s'excite à imiter les Anglais, et elle y réussit mal ; qu'elle demeure ce qu'elle est, et elle s'en trouvera mieux.

A quoi bon ? D'abord, comme résultat immédiat, la force chez elle, la paix et l'abondance, car la France sait très bien travailler chez elle. Ensuite, la conséquence de ses actes avec ses paroles et même avec ses sentiments. Car enfin, est-ce un beau rôle que le nôtre en Algérie ? En Tunisie, c'est autre chose; ce que nous avons fait était nécessaire, nous avons été mesurés, nous n'avons rien conquis, nous avons seulement protégé un pays faible, enrichi un pays misérable ; c'est bien, et cette bonne action ne nous coûtera rien, mais au contraire nous profitera. En Algérie, nous administrons fort bien, sans doute, mais nous opprimons une noble race, et cela sans profit, mais à grande perte. L'occupation a été justifiée, du moins celle d'Alger et du littoral, puisque les pirates barbaresques infestaient la mer. Mais qu'avons-nous à faire dans l'intérieur du pays autre chose que de préparer les Arabes à se comporter en peuple civilisé à l'égard de ses voisins ? Les initier, les surveiller, leur faire payer les frais d'occupation, telle est notre mission, et nous devons faire en sorte de l'abréger autant que possible. Or, nous nous attachons à opprimer une race très supérieure, sans aucune excuse, et nous prétendons fonder un établissement perpétuel en Algérie. C'est la conquête barbare. Après cela, que signifient nos revendications contre l'annexion de l'Alsace-Lorraine par l'Allemagne ? Elles n'ont aucune autorité. L'Allemagne invoque la force, et nous ne pouvons lui opposer l'humanité.

Soyons des protecteurs et des éducateurs, non des conquérants. Outre la force, la paix et l'abondance, une telle conduite nous donne une belle attitude, qui convient à ce qu'il y a de plus légitime dans notre tempérament glorieux, c'est-à-dire épris du beau et fier de ses aspirations.

Faut-il aller jusqu'au bout de notre pensée ? nous sommes ambitieux comme toutes les nations généreuses ; eh bien, une telle politique peut nous valoir, et bientôt, grâce à notre grand passé, l'hégémonie morale dans le monde ; et cette prépondérance ne saurait exister sans un accroissement immense de force en cas de conflit, puisque les vœux des autres peuples seraient pour nous et, par conséquent, souvent aussi leurs armes.

Sous la Révolution, nous avons été singulièrement favorisés par la sympathie des pays conquis; ils croyaient à une délivrance. Justifions à l'avenir une pareille confiance, et renonçons à des conquêtes qui nous sont interdites, afin de nous assurer la seule conquête qui nous soit permise, et la plus sûre de toutes : celle des cœurs. « Qui a le cœur a tout, » disait Mazarin.

On fera peut-être observer, non sans amertume, que la générosité ne nous a pas beaucoup rapporté dans la guerre d'Italie, ni à la Russie pour la délivrance de la Bulgarie.

Il n'y a là qu'une apparence temporaire. Le sentiment des Italiens du Milanais pour la France est une reconnaissance profonde que le temps n'altère pas; il existe en Bulgarie un grand parti qui est russe de cœur : ce sont des germes qui se développeront, et dès maintenant la France jouit d'une gloire immortelle pour la guerre d'Italie, comme la Russie pour sa guerre libératrice; moins pour le mérite de leurs armes, que pour la grandeur des causes de ces guerres. Parce que les Polonais de Sobieski ont sauvé Vienne, la Pologne renaîtra peut-être un jour, malgré ses fautes et ses malheurs, ou tout au moins ses vainqueurs traiteront les Polonais en égaux : cette belle page de l'histoire d'une nation, condamnée par sa constitution politique et peut-être par le tempérament même de la race, assure à jamais aux Polonais l'estime de ceux qui les gouvernent. Il y a donc une conquête qu'on ne peut jamais perdre, c'est l'admiration et la reconnaissance des hommes pour la gloire noblement acquise.

L'important, dans ce beau rôle, c'est de conserver la mesure, et cette mesure, c'est la nécessité : il ne faut pas, sans nécessité, engager une guerre. Mais encore faut-il reconnaître ce qui est nécessaire, car il y a des nécessités que l'on méconnaît.

Quand Sobieski a répondu à la demande de secours de l'Autriche, il a su reconnaître la nécessité de repousser les Turcs, qui n'étaient pas moins menaçants pour la Pologne que pour l'Autriche. Quand nous avons répondu à la demande de secours du roi de Sardaigne, nous avons su reconnaître la nécessité de repousser l'Autriche, qui n'était pas moins menaçante pour la France que pour le Piémont. Néanmoins, l'action de la France a été belle, comme avait été belle l'action de la Pologne. Mais l'action de la Russie en Bulgarie a été plus belle encore, bien que toujours commandée par la nécessité, parce que la nécessité s'est manifestée en Russie par un mouvement de tout le peuple en faveur de coreligionnaires opprimés.

Pour en revenir aux guerres coloniales, on ne saurait les proscrire toutes au nom de la justice, et l'on peut regretter qu'elles soient interdites à la France par la raison et par l'expérience. La terre est au plus digne, tel est le droit naturel; donc, si des sauvages occupent un beau continent comme l'Amérique, des Européens ont le droit de s'en emparer pour y établir un état de choses qui est un progrès dans la voie du bien. Ce qui est vrai des sauvages, l'est à un moindre degré, mais l'est encore, de peuples très inférieurs : leur véritable intérêt à eux-mêmes est d'être conquis par un peuple supérieur.

Tel est le fondement du droit de conquête. Il s'ensuit que la conquête de l'Alsace-Lorraine par l'Allemagne sur la France est injustifiable, attendu que nous sommes un peuple supérieur, que le pays conquis est en dehors de la frontière naturelle de l'Allemagne, et que la population, bien que de langue allemande sur terre française, était elle-même française en partie de sang et toute de cœur. Nous avons porté jadis la peine d'être sortis de nos frontières naturelles; l'Allemagne portera un jour la peine d'être sortie des siennes. Mais, ce jour-là, ne recommençons pas nous-mêmes la faute; c'est-à-dire qu'après la victoire, il faut savoir rentrer chez soi.

Il est clair qu'en général les guerres coloniales de l'Angleterre sont légitimes; et elle mérite bien d'être enviée de pouvoir s'étendre ainsi sur le monde entier, sillonnant toutes les mers, pavoisant de ses couleurs tous les points de la terre, vivant avec une délicieuse ivresse sa vie intense et glorieuse. Mais nous ne pouvons que l'admirer, non l'imiter. Contentons-nous donc de notre part, qui peut être encore plus belle. C'est une juste et grande idée que de propager partout notre langue et d'établir ce lien entre nous et tous les autres hommes. Nous avons jusqu'ici préparé des colonies à l'Angleterre; propageons notre langue, et l'Angleterre nous préparera des empires amis par tout le globe. Il en est ainsi dès aujourd'hui pour l'Égypte : l'Angleterre en possède le corps, mais c'est à nous que l'Égypte demande son âme; à la vérité, nous possédons l'Égypte mieux que l'Angleterre, et plus sûrement. Nous pouvons ainsi conquérir le monde, si nous en sommes dignes.

La France pourrait se préparer un avenir plus radieux encore que n'a été le passé de Rome et d'Athènes, ainsi que l'Angleterre dépasse Tyr et Carthage, tant par l'immensité de ses possessions que par son grand esprit et son grand courage. Sous ce rapport, nous ne pouvons prétendre la surpasser; mais elle peut un jour être délaissée par ses colonies mêmes, devenues indépendantes, pour la nation en qui elles trouveraient, avec les qualités de leur ancienne métropole, plus de justice et plus d'humanité. Nous ne sommes pas qualifiés dès maintenant pour exercer cette attraction, mais nous sommes doués pour l'exercer un jour, si nous comprenons la beauté du but et si nous voulons y atteindre. Les Romains se promettaient l'empire du monde par l'autorité effective :

Tu regere imperio populos, Romane, memento;
Hæ tibi erunt artes, pacisque imponere morem,
Parcere subjectis, et debellare superbos.

Pour l'autorité effective, pour l'imperium, cette pensée avait toujours existé dans l'esprit des Romains ; et dès qu'elle fut réalisée, à l'époque où Virgile chantait cette destinée épique, il ajoutait donc qu'elle se justifierait par la justice et par la magnanimité. A l'autorité effective, il voulait que le grand peuple joignît l'autorité morale, plus sûre et plus grande que l'autre. Nous, Français, nous ne pouvons exercer l'autorité effective sur d'autres nations, mais nul autre peuple n'a autant de titres que nous à prétendre sur tous à l'autorité morale. Assurément nous ne pouvons défendre à d'autres peuples d'avoir la même ambition, et si nous épousons cette noble pensée, d'autres ne manqueront pas de nous la disputer; mais dans cette lutte grandiose, nous ne pouvons que gagner, alors même que nous y serions vaincus ; et l'humanité entière, qui en profitera, nous rendra toujours l'honneur de l'initiative.

Cela est grand, mais n'est point chimérique, car il n'y a que ce qui est grand, il n'y a que l'idéal qui soit vrai, c'est-à-dire solide et non trompeur ; comme l'histoire le montre, en confirmant les plus ardentes aspirations du cœur de l'homme. La politique du seul intérêt matériel et immédiat, c'est celle de Thèbes, sauf Épaminondas ; c'est celle de Carthage. La politique idéale, c'est celle d'Athènes à Salamine ; c'est celle de Rome devant Annibal et Pyrrhus. La première aboutit au mépris et à la ruine ; l'autre conduit aux sommets de la puissance et de la gloire.

Il est permis de penser que la nation qui, la première, appliquera sincèrement le principe de l'assistance mutuelle d'abord chez elle, puis au dehors, il est permis de penser que cette nation attirera à elle, par incantation, toutes les nations du monde, comme font toujours le bien et le beau. C'est par incantation que la Divinité agit sur le monde ; c'est par incantation que Jésus a conquis tant d'adorateurs et que son âme a été identifiée avec la Cause première du bien dans le monde; c'est par l'incantation du beau que les héros et les justes vivent dans la mémoire des hommes; c'est par l'incantation du beau, bien plus que par leur force matérielle, qu'Athènes, Sparte et Rome ont régné sur de grands empires. Rien n'est si réel, rien n'est si puissant que le bien et le beau.

Pour adorer l'idéal, on n'en est pas moins hommes, et il n'est pas interdit de se conduire comme des créatures qui ont des besoins matériels; bien au contraire, on ne doit jamais oublier la modestie de la condition humaine et la loi qui nous a été imposée de pourvoir laborieusement à nos besoins. Si nous ne pouvons pas songer à étendre notre domination armée sur d'autres contrées, nous devons pourtant tâcher de commercer avec le monde entier et de lui vendre les produits de notre industrie; et la protection des intérêts de l'industrie et du commerce suffirait à justifier l'entretien d'une marine militaire.

Cette marine a besoin de ports de relâche, de dépôts de charbon. Eh bien, il suffit d'avoir ces ports et ces dépôts sur tous les points du monde où il est nécessaire; et toutes les fois qu'on peut, il vaut mieux, pour notre bon renom dans le monde, les obtenir en payant qu'en faisant la guerre.

Maintenant, il est certain qu'un pays comme le nôtre, où naissent tant d'hommes aventureux, les uns nés pour entraîner et les autres pour suivre, a besoin d'une soupape de sûreté; sans quoi, ces forces peuvent se retourner contre le pays même qui les a produites, et lui faire le plus grand mal. Il est utile, il est nécessaire de tenir compte de cet élément et de le canaliser. Dans cette mesure, on pourrait imiter les Anglais en favorisant la formation de compagnies à charte, qui entreprendraient à leurs risques et périls, sans engager la France, des conquêtes comme celles de Madagascar et du Tonkin, s'il leur plaisait. Même dans le cas d'échec, ces preuves d'exubérance feraient honneur à la France, qui serait en même temps délivrée de dangereux ferments de trouble.

A ces hommes réfractaires au vieux moule social, il faut une entière liberté de s'organiser et de vivre. Ils reconnaîtraient alors que la famille et la propriété sont d'ordre naturel et indestructibles, qu'aucune société ne peut subsister sans le respect mutuel des personnes et des biens, qu'il est nécessaire d'organiser une force armée régulière pour défendre la communauté. Ils découvriraient, par expérience, que ces sociétés du vieux monde, tant honnies par eux, sont en somme de belles œuvres formées par le temps et par l'esprit du bien (1); que si elles sont imparfaites, comme toutes les choses humaines, pourtant elles aident singulièrement à vivre, en instruisant l'enfant, en s'ingéniant à soutenir l'agriculture, à perfectionner l'industrie, à développer le commerce, en soignant les malades, en assistant les pauvres, enfin en cultivant les sciences, les lettres et les beaux-arts.

(1) *Lois sociales*, recueil des textes de la législation sociale de la France, par Joseph Chailley-Bert et Arthur Fontaine. Librairie Léon Chailley, 8, rue Saint-Joseph, Paris.

LE BEAU

LE BEAU

Nous ne donnerons pas d'abord de définition générale, et nous procéderons par analyse, en distinguant le beau dans les choses matérielles, le beau dans les choses de l'esprit, et le beau dans les choses du cœur.

I

Qu'est-ce que le beau dans les choses matérielles? C'est d'abord ce qui flatte notre sensibilité dans les organes des sens supérieurs : la douceur, l'éclat, l'harmonie des couleurs et des sons. Quant aux autres sens, l'on obtiendrait un effet comique en disant d'un mets savoureux, d'un objet doux au toucher, même d'un parfum délicat, qu'ils sont beaux. Ces sensations auxquelles notre nature physique attache du prix, semblent n'avoir pas de rapport avec le beau ; et pourtant l'on y découvre une harmonie matérielle. Elles ne sauraient donc être écartées du sujet : discrètement, elles concourent à compléter l'idée du beau.

Donc, un ciel pur, un paysage bien nuancé impressionnent agréablement nos yeux, et éveillent en nous le sentiment que ces choses sont belles ; de même le chant des oiseaux, la voix modérée des eaux, la brise dans les arbres ravissent nos oreilles, et éveillent en nous le sentiment que ces choses sont belles.

Cette beauté est proprement la grâce de l'énergie matérielle ; énergie qui produit la lumière et ses modifications par les objets éclairés, ou qui produit les vibrations de l'air.

L'on admire aussi la mer déchaînée, ou bien l'orage qui lance la foudre étincelante, brisant les arbres et précipitant les torrents.

Ici la beauté de l'énergie consiste dans sa puissance.

∗

La forme peut présenter plusieurs genres de beauté : la grâce, la grandeur, comme dans certains aspects de la nature ; la noblesse, comme chez les animaux supérieurs.

La forme peut encore être belle au point de vue de la convenance aux fins.

Sous ce rapport, la forme extérieure de tous les êtres vivants peut-être est belle, comme celle de leur organisme. Benvenuto Cellini, dans une lettre où il recommande à un ami l'examen minutieux d'un os, ajoute, avec la compétence d'un grand artiste : « Tu verras comme il est beau ! » De même les œuvres de l'industrie humaine. On peut dire d'un appartement qu'il est beau, encore qu'il n'y ait aucun ornement, s'il est parfaitement distribué et répond à tous les besoins de ceux qui l'habitent. Sa commodité même constitue une beauté, sans parler du talent de l'architecte, auquel notre esprit est contraint de rendre hommage. On dira la même chose d'un meuble, d'un objet utile quelconque. Sans doute on exprimera plutôt son jugement par le mot de bon, signifiant utile; mais c'est une distinction que fait naturellement notre esprit pour marquer un genre particulier de beauté, la beauté de l'utile, réservant spécialement le terme de beau pour les choses qui ont reçu l'empreinte de l'artiste. Mais, au fond, celui-ci n'a fait, avec des ornements, qu'ajouter la grâce à la principale beauté de l'œuvre, qui est l'utilité.

On exprime, par la forme, des idées et des sentiments : c'est ce que fait l'architecte dans les temples, les palais, les arcs de triomphe, les colonnes de gloire.

Dans la figure humaine, la beauté de la forme a un rapport étroit avec la beauté immatérielle, et celle-ci relègue la beauté matérielle au second plan.

A cette hauteur, la beauté de la forme devient donc presque immatérielle; et c'est pourquoi, dans le grand art, le nu est innocent.

Il y a des individus dont les traits sont conformes aux proportions de la beauté; mais leur visage n'exprime ni intelligence, ni générosité ; ils finissent par produire une impression de froideur et d'hostilité.

Nous voulons chez l'homme une concordance entre la beauté de la forme et la beauté immatérielle.

*
* *

La beauté dans les choses matérielles résulte aussi de l'ordre et du mouvement.

L'ordre, c'est la place que doit occuper chaque objet. Dans la nature inculte, souvent tout se mêle ; il faut que la main de l'homme intervienne pour combattre ce désordre, et nous donne plaisir à voir chaque chose en valeur : de là naît l'agrément de la campagne.

Dans les villes, c'est une question d'alignement des rues et de propreté.

La place d'une chose, c'est en principe là où elle est utile, ou bien là où elle est agréable. C'est encore là où il convient que la chose soit, pour des raisons d'ordre supérieur, comme le respect. C'est seulement pour l'utilité que les soldats laissent une certaine distance entre eux, mais c'est surtout par déférence pour le chef qu'ils marchent à distance derrière lui. La distance que garde l'inférieur marque la supériorité du chef.

Dans le ciel, nous trouvons beau le mouvement apparent des astres; mais si, au lieu de leurs courbes majestueuses, ils suivaient des lignes brisées, ou bien s'ils avaient un mouvement tantôt lent et tantôt rapide, il est probable que cela nous fatiguerait et ne produirait en nous rien d'analogue à l'admiration que nous éprouvons. C'est ainsi que les troubles de notre atmosphère nous lassent et nous paraissent très éloignés de la beauté, à l'exception de la beauté spéciale des grandes perturbations.

On distingue dans le mouvement la direction et la vitesse. Il semble bien que pour ce qui concerne les mouvements qui dépendent de nous, nous voulons que la direction du mouvement soit conforme à l'utilité et aux convenances; de même sa vitesse.

En principe, nous aimons la rapidité dans les moyens de locomotion, et en général dans tout ce qui concerne l'exécution des ordres. Encore cette rapidité doit-elle être mesurée pour permettre une bonne exécution; la précipitation, indice de trouble d'esprit, nous déplaît.

La vivacité peut avoir de la grâce dans la jeunesse; mais chez l'homme fait et surtout chez les supérieurs, la gravité, sinon la lenteur, est une marque de jugement et de noblesse.

II

La beauté de l'esprit paraît consister d'abord dans la clarté.

Si l'on se reporte aux hommes qui ont révélé les plus beaux dons, on distingue d'abord les hommes d'action par excellence, c'est-à-dire les soldats, puis, à des degrés inférieurs de l'action, les législateurs, les orateurs, les savants et les artistes.

Pourquoi l'action se présente-t-elle comme la mesure qui sert à classer les esprits? C'est parce qu'il est d'autant plus difficile de penser qu'en même temps l'on agit; et si le calme du cabinet permet d'atteindre aux plus hautes conceptions, c'est la marque d'un génie bien plus extraordinaire de penser au milieu de l'action. Et c'est pourquoi nous croyons qu'au point de vue de la beauté intellectuelle, il faut placer le penseur qui ne fait que penser, au dernier rang de ceux qui pensent, de ceux qui méritent qu'on dise d'eux qu'ils pensent.

Penser sur le champ de bataille, « cela est sublime », a dit Thiers. A clarté égale de l'esprit, le degré de l'action marque aussi le degré de la beauté intellectuelle.

La clarté, telle est la qualité fondamentale de la pensée, qu'elle s'applique à comprendre ce qui est, ou qu'elle conçoive ce qui pourrait être. Napoléon était une intelligence qui embrassait d'abord le réel, et aussitôt après le possible.

Car la seconde qualité de la pensée, c'est sa promptitude. Napoléon disait : « Je ne comprends et ne conçois rien que bien d'autres ne puissent comprendre et concevoir; mais je vois plus vite, et c'est ma supériorité ».

A rapprocher du mot de Buffon : « Le génie est une longue patience ». La définition n'est pas juste pour Napoléon, César ou Alexandre; mais elle contient une vérité, à savoir qu'une longue patience trouve les mêmes idées que le génie. Napoléon n'

* *
*

Classerons-nous la pensée d'après son objet et selon son élévation ? Il semble difficile de ne pas le faire ; et pourtant nous pensons que l'objet ne saurait influer sur la beauté intellectuelle, et que l'on tomberait dans une confusion si l'on croyait devoir attribuer à l'esprit un mérite qui peut être dans l'objet de son application, mais qui n'est point pour cela dans l'esprit même ; ce serait prendre le reflet de l'objet sur l'esprit pour la lumière de l'esprit. A travail intellectuel égal, il est aussi beau d'inventer un métier à tisser les bas que de découvrir une loi astronomique. C'est qu'il s'agit ici seulement de beauté intellectuelle.

Sans doute il est plus beau d'appliquer sa pensée à rechercher ce qui peut soulager les hommes, comme fait M. Pasteur, que d'arriver, après beaucoup d'efforts, à fabriquer de la fausse quinine. Mais la différence est dans une beauté morale, qui vient d'une tendance de l'âme, et cette beauté morale ne doit pas être mise en comparaison avec la valeur intellectuelle du malfaiteur, laquelle ne le cède en rien peut-être à celle de l'homme de bien. La considération de l'âme et du moral ne doit pas intervenir ici comme mesure de la beauté intellectuelle. A l'esprit, il faut opposer l'esprit, et non le cœur. L'appréciation de Thiers, rapportée plus haut, ne fait pas de distinction entre le capitaine animé d'une haute moralité et celui qui en est dénué.

Nous avons déjà rencontré un cas analogue dans la force matérielle, qui est belle par elle-même, indépendamment de l'esprit et du cœur. Mais de même que la force matérielle gagne à être au service d'un esprit éclairé et d'une âme généreuse, la puissance intellectuelle jointe à une âme basse ne saurait inspirer la même admiration que si elle suit la direction à elle imprimée par une âme noble. Cela n'est pas douteux, mais, à n'envisager que l'esprit, il est beau par cela même qu'il voit clair et vite, surtout dans l'action.

.˙.

Dans l'étude, l'esprit doit procéder par analyse,

examiner les choses l'une après l'autre, et chacune dans tous ses éléments successivement.

L'analyse est le travail primordial qui conduit à la compréhension des choses les plus compliquées. Le génie y procède rapidement et peut-être sans effort; chez le commun des hommes, elle demande de la patience et une attention soutenue.

La puissance de l'esprit consiste donc d'abord dans la faculté d'isoler les objets, ou les éléments des objets, pour les étudier tour à tour.

Les esprits clairs sont d'abord des esprits studieux ou analytiques. Les éléments, bien compris, sont ensuite ordonnés en synthèse, en système, sorte de construction intellectuelle, par un travail spontané de l'esprit. Ce travail de synthèse paraît indépendant de notre volonté, qui, en voulant le hâter, ne peut que le fausser. La synthèse, après l'analyse, se présente à notre esprit, comme si elle était l'œuvre d'un autre, et nous n'avons sur elle qu'un pouvoir de critique. Napoléon devait être étonné le premier des plans qui surgissaient de son cerveau, complets, avec un détail infini. Ils étaient le résultat du travail analytique, chez lui incessant et nécessaire. « Je suis construit pour le travail, disait-il, je ne connais pas la fatigue. »

La synthèse est complexe, et cependant elle peut être claire; mais l'analyse ne doit être complexe que successivement, et non pas en embrassant plusieurs objets à la fois. Les esprits enclins à la complexité dans l'analyse, ceux qui ne peuvent isoler chaque objet ou chaque élément, demeurent toujours confus.

***

L'agrément de l'esprit peut se montrer dans les rapprochements. C'est ce qu'on nomme plus particulièrement l'esprit, dans le sens où l'on dit de quelqu'un qu'il a de l'esprit.

Le rapprochement est le résultat de deux observations, et il est opéré dans l'esprit par l'association des idées.

Les rapprochements suivants sont empruntés aux *Souvenirs de la marquise de Créquy*, bon juge en fait d'esprit.

« Voyez la tulipe et l'épi, dit saint Augustin :

l'inutile fleur est orgueilleuse et droite, *quia vana;* la grappe du froment est humblement penchée, *quia plena.* »

« De toutes les opérations de pur esprit, dit-elle, l'art des devises est peut-être la plus ingénieusement délicate. »

Louise de Vaudemont, femme de Henri III, avait pour emblème *un cadran sous le soleil*, avec cette devise : *Aspice ut aspiciar* (Regardez-moi, afin que l'on me considère).

Marguerite de Valois, femme de Henri IV, *une tige de vigne*, avec ce vers du Tasse : *L'ardor temo et gielo m'offende* (Je crains l'ardeur et la froideur m'offense).

Marie de Médicis, dans l'exil, *une cascade : de mi caida, mi candar* (Dans ma chute, la blancheur).

La duchesse de Lesdiguières était grand'mère à vingt-huit ans, et belle encore. Madame de Sévigné lui donna pour emblème *un oranger*, avec cette devise : *Le fruit n'y détruit pas la fleur.*

Madame de Créquy goûtait fort peu la duchesse d'Orléans, mère de Philippe-Égalité. Celle-ci l'ayant fait prier de lui trouver une devise, la marquise répondit à son ami le duc de Penthièvre, chargé de la commission : je ne vois qu'*une cruche de grès*, avec : *dure et fragile*.

*
* *

La lenteur naturelle de l'esprit est un grand empêchement à briller dans la conversation, dont la vivacité fait le charme. Mais s'il est bon de faire quelques frais dans la conversation pour le plaisir des autres, cependant rien n'est moins plaisant que quelqu'un qui court après l'esprit, ou qui veut avoir plus d'esprit qu'il n'en a. Comme on l'a dit, on perd ainsi l'esprit qu'on a, ou l'agrément de la simplicité; car, après tout, la simplicité d'esprit, elle aussi, a bien son mérite. Telle simplicité d'esprit peut avoir de la beauté, et telle abondance de prétendues saillies peut présenter un caractère opposé.

C'est ainsi que les jeux de mots ne se supportent guère qu'à la lecture; pour le calembour, il est affreux, et si l'on en rit parfois, c'est comme d'une chose grotesque.

Il y a des esprits puissants

qui deviennent simples dans la conversation, comme on l'a vu chez tant d'écrivains. Mais les grands capitaines, les orateurs, et en général tous les hommes capables de penser dans l'action, sont aussi de brillants causeurs.

* *

L'esprit partage la sensibilité du corps et celle de l'âme. Examinons cette sensibilité et voyons quels sont ses rapports avec la beauté de l'esprit.

Quand l'organisme est malade ou travaillé par le besoin, l'esprit s'en ressent, et il peut perdre sa qualité maîtresse, la faculté de voir clair. Quand l'âme est affectée par la douleur ou par la joie, le même effet tend à se produire. Donc la sensibilité physique et la sensibilité morale ne doivent pas être trop ébranlées dans un sens ou dans l'autre, pour que l'esprit conserve sa puissance. Une sensibilité excessive est contraire à la présence d'esprit. Le grand capitaine peut être sensible, mais il ne l'est jamais à l'excès.

L'esprit possède une sensibilité encore plus particulière : il éprouve un malaise ou une satisfaction qui lui sont tout à fait propres, selon qu'il ne comprend pas ou qu'il comprend. Le malaise peut produire tantôt la résignation à l'ignorance, tantôt un redoublement d'effort. La beauté est bien en principe dans la persévérance. Pourtant la mesure est imposée à l'homme en tout, et il peut être beau de savoir renoncer à comprendre.

On ne voit pas que les plus grands esprits se soient obstinés à connaître la cause première des choses, dont l'existence est certaine, mais qui refuse de se laisser voir, selon la profonde parole de Moïse; ils se sont seulement appliqués à connaître autant que possible la réalité, et à dégager de cette étude les lois naturelles qui régissent les choses et les hommes.

*

On doit encore noter la mémoire parmi les plus belles qualités de l'esprit et les plus nécessaires. Il faut ajouter aussi la résistance à la fatigue. La mémoire est un don naturel qui se perd par un travail intellectuel excessif. La résistance à la fatigue s'acquiert par l'exercice de l'esprit, et elle se perd aussi par l'excès du travail.

Il est nécessaire de se relâcher du travail intellectuel dès que la fatigue le demande, et de réparer cette fatigue dans le repos et dans la récréation, où la folie même a ses droits, dans la mesure de l'honnêteté. Il ne faut pas prétendre non plus à savoir trop de choses. Lire, *legere*, signifie choisir. Élégance est encore synonyme de choix.

Trop d'instruction nuit à la beauté de l'esprit, tout comme l'insuffisance d'instruction. Avoir appris quantité de choses inutiles, ou même utiles, mais en excès, et par conséquent mal digérées, ce n'est pas avoir meublé son esprit, mais c'est l'avoir encombré. A un élève qui étalait une érudition singulière dans un sujet sans intérêt : « Comment avez-vous pu apprendre tout cela? dit M. Villemain; si je le savais, je me hâterais de l'oublier. »

*

A la beauté intellectuelle se rattache la beauté du langage.

Cette beauté réside d'abord dans les mots, et elle consiste dans leur justesse. L'Académie française ne fait autre chose qu'étudier sans cesse et fixer le sens des mots. Un homme de génie l'a fondée dans ce but unique. Rien n'est plus utile. Il devrait y avoir dans les collèges un cours ayant pour objet la valeur des mots, et qui durerait autant que l'instruction entière, depuis la première année jusqu'à la dernière. En étudiant les mots, on ne pourrait faire autrement que de s'occuper des choses : ce cours serait donc on ne peut plus substantiel.

Rien de plus utile et de plus intéressant. Quantité de mots sont beaux de précision. Le terme de « mot » est beau, car il contient le radical de « mouvement », et il ne peut en effet signifier autre chose : le mot est un mouvement, simple ou composé, au moyen duquel on désigne une ou plusieurs choses. C'est bien en effet par des mouvements qu'a commencé le langage, et l'émission de la voix articulée n'est qu'un des modes de mouvement de notre organisme.

Le mot de « terme », lui aussi, est beau, car il « borne et délimite » la chose que l'on veut indiquer. Donc, en prenant les deux premières expressions venues, nous y avons trouvé de la beauté. Le mot d'« expression » n'est pas moins beau : exprimer sa pensée, la faire sortir de soi. C'est-à-dire que presque tous les mots sont beaux. L'important est de les mettre à leur place, comme dit Boileau.

Ce n'est pas le mot le plus redondant qui est le plus beau, comme finissent souvent par le croire les écoliers ; c'est le mot convenable. La convenance fait la beauté du langage, ainsi que le dit Cicéron.

∴

La connaissance des mots, c'est presque la connaissance des choses, ou du moins l'acheminement certain à leur connaissance. C'est elle qui met de la clarté dans l'esprit et qui l'affermit. Grâce à elle, on se démêle dans l'enchevêtrement des mots abstraits; on les comprend, ou l'on reconnaît leur néant. L'abondance des mots abstraits couvre un sujet de ténèbres. Or, en définitive, les mots ne peuvent désigner que des choses ou des modes; mais sous le mode, il y a toujours, il doit toujours y avoir une chose; donc, en définitive, un mot désigne toujours une chose, ou il ne signifie rien. Seul le mot de « néant » ne désigne aucune chose; encore signifie-t-il « nulle chose ». « Rien » signifie chose, et il est accompagné d'une négation exprimée ou sous-entendue quand on l'emploie dans le sens de « nulle chose ». De même le mot « personne ».

Il n'est pas sans intérêt, pour la clarté de l'esprit, d'être bien assuré que les mots ne peuvent désigner que des choses, des choses réelles ou supposées, mais des choses; non seulement des modes, mais des substances, ou au moins de la substance en général. Le temps n'existe pas en dehors des choses, c'est un mot entièrement vide de sens; donc, en métaphysique, on ne peut parler du temps sans supposer une substance qui dure. L'espace n'existe pas davantage en dehors des choses, c'est le néant pur.

Toujours sous le mot on doit trouver une substance, ou sa négation, comme dans le mot de néant. Si sous un mot on ne peut découvrir aucune substance, il est inutile de se fatiguer l'esprit; l'auteur ne s'entend plus lui-même. Il y a des mots difficiles à comprendre, comme celui de nécessité, quand on l'emploie au sens de « cause première » en métaphysique. Mais le mot de nécessité n'a d'autre sens, alors et toujours, que celui de mode nécessaire, et ce mode suppose toujours une substance. Le mot de substance lui-même, autant qu'on peut le creuser, signifie énergie; et le mot d'énergie, autant qu'on peut le fouiller à son tour, conduit l'esprit à l'idée d'êtres individuels, ne seraient-ce que les atomes matériels.

La beauté du langage est d'abord dans la clarté, et, sans substance, point de clarté.

.

Dans l'improvisation, ne soyons pas trop rigoristes pour la propriété des termes, si celui qui parle arrive pourtant à se faire entendre. Le mot juste est beau, mais en somme, l'essentiel est de bien désigner la chose, soit par des mots à côté, soit même par geste. Cette dernière manière n'est pas la moins éloquente, lorsque, pour désigner la Puissance suprême, celui qui parle, craignant d'employer une expression à laquelle s'attachent trop d'idées différentes, lève le doigt vers le ciel.

.

Les idées étant nettes et les mots justes, il s'ensuivra que les propositions seront claires, à la condition que chacune ne contienne pas plus d'idées que l'esprit n'en peut retenir et comprendre, successivement d'abord, et ensuite à la fois, dans le temps même de l'audition ou de la lecture. « Mon unique plaisir consiste à vous écrire. » Cette proposition contient cinq idées, mais l'esprit les comprend sans peine. « La paresse du coadjuteur est bien étonnée de cette sorte de divertissement. » Quatre idées, dont une très simple : le coadjuteur ; mais le rapport est un peu plus long à saisir des trois idées : paresse, étonnée, et divertissement. Cette proposition en sous-entend deux autres : l'activité étonne la paresse ; or, le coadjuteur est paresseux. (Il avait bien changé!) La proposition est cependant claire, mais il ne faudrait pas la charger de plus d'idées, sinon elle deviendrait obscure ; mais madame de Sévigné savait ce qu'on pouvait mettre d'idées dans une proposition. Les paroles des grands hommes sont toujours faciles à saisir. Parménion dit qu'il accepterait les offres de Darius, s'il était Alexandre : — « Et moi aussi, répond le roi, si j'étais Parménion. » Pourtant cette réponse sous-entend plusieurs propositions : vous ne pouvez vous comparer à moi ; vous seriez sage en effet d'accepter ; mais je n'ai que faire d'une telle prudence. Les simples paroles du roi contiennent tout cela, et l'esprit le déduit sans peine.

**

Une seule proposition peut donc contenir tout un raisonnement, en ne donnant pourtant que sa conclusion. Pour bien raisonner, une seule chose importe : la clarté. Avec la clarté dans les idées, les mots et les propositions, on ne saurait faire de faux raisonnement dont on ne reconnaisse soi-même aussitôt le vice.

On a étudié les éléments du raisonnement et l'on y a découvert le syllogisme; mais le syllogisme est un procédé secret de notre esprit, qui nous présente d'abord la conclusion toute faite. Cette conclusion est une synthèse. C'est par réflexion que nous retrouvons ensuite dans notre esprit les éléments du raisonnement. Notre esprit ne raisonne pas toujours bien, mais nous sommes les premiers juges de ses opérations. La connaissance des règles du syllogisme aide à reconnaître par où pèche un raisonnement. Mais c'est l'amour de la clarté qui fait les raisonnements évidents; et c'est l'évidence, au-dessus des règles du syllogisme, qui est la meilleure marque de la vérité.

César arrête un soldat qui fuyait et, le faisant retourner : « C'est là, dit-il, qu'est l'ennemi! » Il ne donne que la conclusion du raisonnement, parce que le raisonnement est évident : un soldat doit obéir; or tu as reçu l'ordre de marcher à l'ennemi; donc tu dois aller là. Mais tout ce raisonnement serait froid. Sa conclusion, seule, est aussi claire et a plus de force. La concision dans la clarté donne de la force au langage.

* * *

Frédéric II, entouré d'ennemis, écrivait ces vers français :

> Pour moi, menacé du naufrage,
> Je dois, faisant tête à l'orage,
> Penser, vivre et mourir en roi.

Sans parler de la beauté morale qu'ils révèlent, il y faut admirer la netteté des idées, ou plutôt de l'idée dominante, et la justesse des expressions. C'est beau de clarté.

Et maintenant, écoutons Napoléon, sa proclamation à l'armée d'Italie : « Soldats, vous êtes mal nourris et presque nus; le gouvernement vous doit beaucoup, mais ne peut rien pour vous; votre patience, votre courage vous honorent, mais ne vous procurent ni gloire, ni avantages. Je vais vous conduire dans les plus

fertiles plaines du monde : vous y trouverez de grandes villes, de riches provinces; vous y trouverez honneur, gloire et richesse..... »
Les grands capitaines montrent par leurs paroles combien leurs esprits sont clairs, et cela est le fruit d'une facile et constante attention : ils ne peuvent faire autrement que de regarder, et ils voient tout. D'où la netteté de leurs idées. Ils pénètrent de même le sens des mots : d'où la justesse de leurs expressions. Comme conséquence, des propositions claires, des conclusions évidentes, toutes rendues dans un langage simple et fort.

**

Napoléon terminait la proclamation qui précède par ces mots : « Soldats de l'armée d'Italie, manqueriez-vous de courage? » Ici, il n'essayait plus de convaincre, mais de persuader, en faisant une question qui éveillerait le courage chez l'homme le plus pusillanime. Et il se rencontrait avec le grand Corneille :

Rodrigue, as-tu du cœur?

La conviction dans l'esprit de l'auditeur naît

de la clarté de l'orateur et de l'évidence de ses conclusions ; la persuasion est communiquée à l'âme de l'auditeur par le sentiment de l'orateur. On peut, sans avoir été convaincu, être tout à fait persuadé. Marie-Thérèse, sans phrases, présente son enfant aux magnats hongrois, et ceux-ci, transportés, de s'écrier : « Mourons pour notre roi Marie-Thérèse ! »

La puissance de persuasion dépend donc plutôt de l'âme que de l'esprit. On peut être troublé dans l'esprit, et, par suite, obscur dans le langage, et cependant porter la persuasion dans les cœurs ; il suffit que l'on sente profondément, et qu'on exprime son sentiment n'importe de quelle manière. La connaissance de la rhétorique est tout à fait secondaire dans l'art de persuader, comme la connaissance de la logique dans l'art de raisonner.

Sans doute Démosthène et Cicéron connaissaient toutes les règles de la logique et de la rhétorique, mais elles ne leur servaient qu'à polir ensuite leurs discours, qu'ils laissaient d'abord jaillir de leur esprit et de leur cœur. Leur première et leur meilleure science étai connaissance des choses et des mots; leur génie faisait ensuite son œuvre de conviction et de persuasion.

Pour nous tous, imitons ceux de leurs procédés qui dépendent de notre volonté : étudions les choses, pénétrons le sens des mots; ne tâchons d'émouvoir que si nous sommes émus nous-mêmes. Ces conditions remplies, l'expression convenable ne nous fera pas défaut, comme Boileau nous l'assure.

*
* *

Dans les œuvres de l'esprit, la forme est secondaire, pourvu que les choses s'y trouvent avec les mots propres. Saint-Simon, pour ses Mémoires, malgré son manque de syntaxe, a pu être mis, par tel critique, au-dessus de tous ceux qui ont écrit dans notre langue. Michelet s'est fait une syntaxe à son usage, qui ne serait pas tolérable chez un autre, mais qui, chez lui, paraît excellente, parce que, supprimant les mots de remplissage, elle dégage les choses qu'il éclaire. Il ne dit pas, comme nous serions tenus de le faire : « L'animal est une sombre énigme ». Mais seulement : « L'animal, sombre énigme ! » Quelle puissance d'expression ! Non seulement c'est un grand écrivain au-dessus de la syntaxe, mais c'est encore un grand poète en dehors de la versification. Celle-ci ne fait pas le poète.

Nous ne méprisons ni la logique, ni la rhétorique, ni la syntaxe, ni même l'orthographe, mais au-dessus de toutes ces connaissances nous mettons très haut les choses elles-mêmes et les termes qui les désignent. Toute licence de forme peut être excusable si le mot juste montre une chose claire. Telle est la règle dont le bon goût veut que chacun s'inspire, aussi bien dans son style que dans la vie de chaque jour. C'est ainsi que nous voyons les gens du meilleur ton rechercher la simplicité dans leur langage et éviter soigneusement tout ce qui sent l'affectation, comme de marquer les redoublements de consonnes, les liaisons, les voyelles trop ouvertes. Nous les voyons surtout éviter soigneusement de faire des phrases et d'employer de grands mots ; ils renoncent même à la correction grammaticale et à l'imparfait du subjonctif. Leur seul souci est de se faire entendre.

III

La beauté de l'âme consiste dans le vouloir, tant à l'égard de nous-même qu'à l'égard des autres.

Comment la connaissons-nous? En jugeant nos semblables.

Comment voulons-nous qu'ils soient à l'égard d'eux-mêmes? Comment voulons-nous qu'ils soient à l'égard d'autrui? La réponse à ces questions sera la définition de la beauté morale.

Ces jugements que nous portons sur nos semblables finissent par former dans notre esprit un idéal qui nous apparaît comme le but assigné à l'homme.

Nous parlerons de l'homme fait et jouissant de toutes ses facultés.

D'une manière générale, nous voulons qu'il soit dur à lui-même et bienveillant pour autrui.

Mais cette formule est trop générale; il faut l'analyser et la rectifier dans ce qu'elle a d'absolu.

Et d'abord, comment voulons-nous qu'il soit à l'égard de lui-même, à l'égard de son corps, de son esprit et même de son âme?

Qu'il donne à son corps le nécessaire, c'est ce que nous admettons sans peine; nous voulons même qu'il travaille dans ce but, et nous le taxons de paresse s'il y manque. S'il possède des moyens d'existence et qu'il refuse à son corps le nécessaire, nous blâmons son avarice; toutefois, si c'est par ascétisme, nous pouvons l'admirer.

Nous voulons qu'il donne à son corps le nécessaire dans la nourriture, le vêtement, l'habitation; et même nous ne trouvons pas mauvais qu'au strict nécessaire il joigne, quand il le peut sans nuire aux autres, tout l'utile et même l'agréable.

En ce qui concerne le soin qu'il doit prendre de sa personne, nous allons souvent plus loin que lui, et nous voulons que, par égard pour les autres autant que pour lui-même, il soit propre, décemment vêtu et logé. Une certaine modestie sied dans les soins de la toilette et dans l'habitation ; mais ce que la modestie ne commande pas, ne peut être imputé qu'à un manque de dignité.

Tout cela ne paraît nullement dur, mais voici qui est moins aisé. Il peut varier ses mets, prendre d'excellentes boissons, mais nous lui refusons le droit, au-delà de ses besoins et de sa capacité, de prolonger les plaisirs de la table autrement que par la conversation. Tout ce qu'il prend pour apaiser la faim et la soif, et même ensuite facilement dans la mesure de ses facultés, ne nous paraît pas excessif ; mais dès qu'il dépasse cette mesure, nous trouvons bas qu'il cherche son plaisir dans l'abus des sensations. Et cette règle s'applique à d'autres choses.

Non seulement nous trouvons bas qu'il cherche son plaisir dans l'abus des sensations, mais nous trouvons beau qu'il ait un certain mépris pour ce que l'on a si bien nommé les joies obscures de la matière. Il est homme, et il n'a pas le droit de les dédaigner de trop haut ; souvent cette erreur est punie de chutes graves ; mais nous le louons d'estimer ces plaisirs à leur véritable valeur, plutôt comme une fatalité de no et de porter plus haut ses préférences, aux plaisirs de l'esprit et aux joies de l'âme.

D'ailleurs, les concessions sont à peu près finies en ce qui touche le corps, et nous allons demander bien davantage. Ce que nous accorderons de plus maintenant, c'est que l'homme a le droit d'écouter l'instinct de conservation, et encore pas toujours.

Qu'il ne tire aucune vanité de ses agréments extérieurs, c'est la moindre des choses et le premier point. L'homme a seulement le droit d'être justement satisfait de la vigueur de son corps, autant qu'elle lui permet de travailler et de se défendre ou de défendre les autres. Il doit faire tout le nécessaire pour entretenir cette vigueur dans la mesure convenable. Il peut devenir bas de se trop complaire dans le développement de la force physique, mais il est beau de l'entretenir dans la mesure de l'utile, et cela demande de la peine, de l'attention; et de la mesure, ce qui n'est pas le moins difficile, presque tous les exercices tendant à dégénérer en passion, après avoir coûté beaucoup d'efforts et d'application.

Cela n'est encore rien. Si, dans la vie ordinaire,

nous trouvons bon que l'homme ne se refuse pas le bien-être, nous voulons, et cela lui sera d'autant plus facile qu'il ne se sera pas privé inutilement et qu'il aura exercé son corps, nous voulons que, le cas échéant et dans la nécessité, ou seulement dans un but utile et surtout dans un but noble, il sache supporter, sans autres plaintes que celles qui s'exhaleraient malgré lui, la souffrance physique provenant de la fatigue, du froid, du chaud, de la faim, de la soif, des coups et de la maladie. Nous voulons qu'au besoin, et non légèrement, il sache vaincre l'instinct de conservation, affronter et subir la mort. Voilà ce que nous trouvons beau.

« Dans la nécessité », par exemple dans un naufrage; dans un but utile, par exemple pour faire sa fortune; dans un but noble, par exemple pour défendre son honneur ou défendre les siens ou son pays.

Comment voulons-nous que l'homme soit à l'égard de son esprit?

Nous lui demandons de bien examiner tout ce qu'il lui importe de voir; de la vigilance, de l'attention. L'attention nous paraît être la qualité que nous apprécions le plus chez nos semblables. Pas d'équivoque comique : l'attention non pas seulement à ce que nous leur disons, car nous pouvons être mauvais juge, s'ils ont de bonnes raisons pour ne pas tenir compte de nos propos, mais l'attention à ce qu'il leur importe de voir, tant dans leur propre intérêt que dans l'intérêt de ceux dont ils ont charge.

> Un astrologue un jour se laissa choir
> Au fond d'un puits.....
> C'est l'image de ceux qui bayent aux chimères
> Cependant qu'ils sont en danger,
> Soit pour eux, soit pour leurs affaires.

L'attention nous semble être l'acte générique d'où naît la clarté, qualité fondamentale des idées et du langage. Et nous demandons d'abord à nos semblables l'attention au réel et à l'utile.

Tel doit donc être notre vouloir à l'égard de notre esprit : tourner notre attention vers le réel et l'utile.

Le réel comprend les choses matérielles, et c'est d'abord à elles qu'il faut faire attention ; mais le réel dépasse aussi les choses matérielles, car les idées et les sentiments sont des choses réelles, la vie future sera aussi une chose réelle, et la Divinité est aussi une réalité. Mais il faut procéder par ordre : vivre d'abord, philosopher ensuite.

De même, l'utile ne comprend pas seulement ce qui nous sert à vivre : le beau ne laisse pas d'avoir une utilité supérieure, tant pour l'agrément de la vie matérielle et intellectuelle que pour l'élévation et la joie de l'âme.

Quel doit être le vouloir de l'homme à l'égard de son âme?

La tenir propre d'abord, c'est-à-dire la sarcler sans cesse, ne pas souffrir qu'elle se dégrade; enfin, la tenir haut, le plus possible.

« Rapetisse ton cœur », disent les Chinois. Ils entendent probablement que l'homme ne doit pas prétendre trop haut, et cela est malheureusement vrai. Le bien est la mesure du beau assignée à l'homme; au delà du bien, le beau lui devient funeste en ce monde. Les adeptes de Confucius entendent aussi sans doute que l'orgueil sied mal à l'homme.

L'orgueil paraît être une déviation de la

tendance naturelle de notre âme à s'élever. Mais alors cette tendance ne se dirige pas vers son véritable but, qui est la beauté morale. Elle vise au paraître. Et souvent elle se contente non de paraître belle, mais redoutable ; la beauté inférieure de la force lui suffit.

La plus grande modestie n'exclut pas l'amour de la vraie noblesse. Il faut peut-être cependant ne pas faire montre de tels sentiments; peut-être aiment-ils l'ombre. « Être et ne pas paraître », disent les Anglais. « Faire sans dire », selon la devise de Berryer.

*
* *

Et maintenant, quel doit être le vouloir de l'homme à l'égard de ses semblables?

Pour avoir la réponse, demandons-nous comment nous voulons que chacun soit, non pas à notre égard, nous serions trop intéressés, mais à l'égard des autres.

D'une manière générale, nous voulons qu'il soit bienveillant.

Mais nous voulons également que cette bienveillance soit tempérée par la méfiance.

A défaut de méfiance, nous le taxons de niaiserie, et ses mésaventures nous inspirent autant de mépris que de pitié.

Bienveillance et méfiance, telle est la formule générale de la manière d'être que nous approuvons chez l'homme à l'égard de ses semblables.

Que l'homme rende à ceux qui ont pris soin de lui dans sa jeunesse toute espèce de témoignages de reconnaissance, c'est la première chose que nous exigeons de lui. Cela est beau, et le contraire est bas.

Puis nous lui imposons, toujours sous le rapport du beau, d'être le serviteur dévoué du pays, c'est-à-dire de l'association nationale qui a permis à ses ancêtres et à lui-même de vivre ;

De respecter devant tous la Puissance qui a créé l'Univers.

Il peut être suffisant, sous le rapport du devoir, d'être toujours juste et bienveillant à l'égard de ses frères et sœurs ; mais dans les plus pénibles démêlés d'argent, dans les brouilles qui peuvent vous séparer, de ne jamais oublier l'esprit de famille, et d'être toujours prêt à les secourir ou à les défendre : cela peut quelquefois n'être pas conforme à la sagesse humaine, mais c'est beau.

L'amour conjugal atteint le beau par la loyauté et le dévouement à toute épreuve.

La passion n'y saurait prétendre. C'est ce qu'on y ajoute de loyauté et de dévouement qui est beau. L'amour maternel, l'amour filial, l'amour fraternel, sont naturellement beaux, sans effort, comme le génie.

Encore sous le rapport du devoir, il peut être suffisant de bien élever ses enfants et de les établir convenablement; mais il n'y a rien là qui puisse être qualifié de beau. Mais ne vivre que pour ses enfants, se sacrifier pour eux, cela est beau. Ce n'est pas sage, mais c'est beau.

Dans l'amitié, c'est d'être fidèle qui est beau, surtout lorsque le malheur éprouve l'ami et qu'il est abandonné de tous.

A l'égard du reste du monde, ce qui est beau, c'est d'être clairvoyant, compatissant aux malheureux, juste et poli envers tous, solide devant l'attaque, modéré dans la force.

La devise romaine, légèrement modifiée, résume ce qui est beau sous ce rapport : *favere miseris, debellare superbos.* Mais son application n'est pas à la portée de tous : il n'est pas donné à chacun de faire tout le bien qu'il voudrait, et de tenir tête aux superbes; c'est une conséquence de la pauvreté et de la dépendance. Encore les pauvres peuvent-ils s'aider beaucoup entre eux, et cela est beau. La dignité dans la dépendance n'est pas impossible, mais elle est difficile; aussi est-elle très belle.

Ne pas confondre cette dignité avec la rébellion plus ou moins ouverte contre l'autorité légitime. Cette rébellion table ordinairement sur la débonnaireté du pouvoir; elle disparaît devant sa fermeté. Le subordonné doit exposer ouvertement ses griefs; cette attitude seule est honorable. Que si l'autorité ne sait pas écouter de justes représentations, faites avec convenance, elle cesse d'être légitime.

*
* *

Une question qui se rapporte à la beauté morale est celle des écoles dites l'une réaliste, et l'autre idéaliste, dans la littérature et dans les beaux-arts.

Il nous semble que ces deux manières d'entendre l'art sont justifiées l'une et l'autre, que l'une ne peut exclure l'autre.

Le réalisme, c'est l'interprétation du réel, de la nature, du vrai. Il est incontestable que ce mode de l'art a sa raison d'être. Une description, un portrait, un buste, doivent, en principe, être aussi conformes à la réalité que possible. Ce qui est toujours beau dans le réalisme, c'est le talent de l'artiste, indépendamment du sujet.

La fable s'efforce de montrer la nature telle qu'elle est; la comédie de caractère tire tout son mérite de la vérité. Mais dans les œuvres de pure imagination, il y a peu de véritable réalisme. On qualifie de naturalistes les écrivains, les peintres qui s'attachent particulièrement à la laideur; ceux qui préfèrent le beau prennent le nom d'idéalistes. Entre ces extrêmes, nombre d'artistes se contentent de reproduire ou d'inventer mille sujets dans un but de pur agrément.

> Il n'est point de serpent, ni de monstre odieux,
> Qui, par l'art imité, ne puisse plaire aux yeux.

La beauté est alors surtout dans le talent de l'artiste; elle y réside uniquement pour une œuvre naturaliste.

Le naturalisme dans les œuvres d'imagination peut se justifier par un but élevé, si l'artiste a l'intention d'inspirer l'horreur du mal.

Mais, dans ce genre, la tentation est trop forte d'attirer l'acheteur par les appétits les plus bas. Aussi, malgré les services que le naturalisme peut rendre, nous pensons qu'il faut l'exclure comme contaminateur.

D'ailleurs, les artistes idéalistes suffisent à la seule besogne utile que pourraient faire les naturalistes, car dans leur recherche du beau, ils le rencontrent parfois aux prises avec le mal. Ils ont ainsi l'occasion de représenter celui-ci, et ils le font avec une haine sincère, au lieu de la quasi-sollicitude des naturalistes pour leur sujet favori.

L'artiste idéaliste a choisi la meilleure part, surtout celui qui ne s'attache pas exclusivement à la beauté plastique, mais s'efforce de traduire les sentiments les plus nobles. A l'exclusion du naturaliste, il est le seul prêtre du beau. Comme Hercule :

Il suivit la Vertu qui lui sembla plus belle.

Honneur à ceux-là! ils sont nos guides vers

l'idéal, et, comme l'a dit Émile Augier : « L'idéal, c'est la vérité. » L'idéal triomphe lentement, mais sûrement. Le monde tend vers lui; c'est ce que nous allons essayer de déduire.

IV

L'étude des fossiles découvre plusieurs créations successives d'animaux.

A chaque création nouvelle, les formes sont plus fines et plus belles.

A la dernière création, l'homme apparaît, plus faible relativement qu'aucun animal, mais aussi infiniment plus beau.

Non seulement il les surpasse tous en beauté plastique, mais il apporte sur la terre une intelligence très supérieure. L'intelligence était déjà belle chez plusieurs espèces animales; la sienne, faible en principe à la vérité, est d'une beauté merveilleuse par sa faculté d'extension avec le temps et l'observation.

Les animaux élevés dans l'échelle ne sont pas étrangers au sens moral, et ils savent distinguer un bon maître d'avec un méchant; mais l'homme possède la faculté, moyennant toujours le temps et l'observation, de connaître parfaitement ce qui est mal et ce qui est bien. Il a apporté sur la terre, en même temps que sa faiblesse pour pécher, d'abord la haine du mal fait par les autres, et, à la fin, celle du mal fait par lui-même. En général, il se déclare le champion du bien; et, même hypocrite, cette profession a une portée immense. Le mal est mis par lui au ban de la Terre. Il s'indigne des horreurs de la loi du plus fort parmi les animaux. Il en arrive, malgré la fatalité de cette loi aussi parmi les hommes, à la notion du droit.

Les musées de Saint-Germain et de Chambéry nous montrent les objets produits par l'industrie de l'homme préhistorique. Cette industrie est très avancée. Il sait filer, tisser et coudre. Il sait construire des habitations sur pilotis. Il a de la vaisselle d'argile; surtout il a des armes, des flèches de silex et des haches de pierre. Sa vie est un travail merveilleux pour subvenir à ses besoins, et c'est une lutte victorieuse contre les animaux plus forts, mais moins intelligents que lui. Quand il le peut, il vit sur des lacs, pour être à l'abri des surprises. Il vit en société, au moins en société patriarcale, et cette association toute naturelle engendre une assistance mutuelle pour se communiquer les moyens de vivre et pour se défendre contre les ennemis communs. Ce que l'un a inventé, tous finissent par en profiter; et la guerre a pour effet de le faire connaître à leurs adversaires.

L'histoire nous montre ensuite un foyer de civilisation en Egypte, puis en Phénicie, puis en Ionie et dans toute la Hellade. Cette race merveilleuse, initiée par ses devanciers, porte les beaux-arts à leur dernier point de perfection, et découvre la science tout entière, au moins dans ses principes. Elle laisse aux Phéniciens la plus grande part de l'industrie utilitaire et du commerce du monde, sans dédaigner pourtant de rivaliser avec eux dans ces branches de l'activité humaine; mais elle porte partout, en même temps que l'exemple de son héroïsme, la poésie, le grand art et la science. Elle fait ainsi l'éducation des peuples de tout le bassin de la Méditerranée, que les Phéniciens avaient tirés de la barbarie. Enfin, avec Alexandre, elle fait la conquête de l'empire du grand roi, et elle éclaire de sa lumière la moitié de l'Asie.

Cette belle civilisation avait méconnu l'utilité de la concorde entre frères. Rome grandit dans une union qui, entre purs Romains, malgré toutes leurs querelles intestines, ne se démentit jamais devant l'ennemi. Rome apprit des Grecs l'art de la guerre, et elle le pratiqua si bien qu'elle soumit le monde. Dans sa force, que fit-elle? Elle fit des Grecs ses maîtres intellectuels, et, dans toute l'étendue de son empire, tandis qu'elle maintenait l'ordre, elle les laissait enseigner. Telle est la puissance du beau. La Grèce conquise a conquis ses vainqueurs. Mais Rome avait ceci de beau pour elle qu'elle avait montré la force de l'union et qu'elle surpassait les Grecs dans le sentiment du droit. Ce sont les Romains qui ont fondé le droit. Aussi, malgré leur modestie devant les Grecs, il faut leur reconnaître sur ces héros, ces poètes, ces artistes, une double supériorité : celle de la sagesse et celle de la justice. Voilà ce qu'ils ont, eux aussi, enseigné au monde. Et ils ont contribué à avancer la civilisation dans la voie du beau.

Sans doute le sentiment de la justice n'était pas étranger aux Grecs, et ils connaissaient le droit avant les Romains ; mais soit légèreté chez les Athéniens ou cynisme chez les Spartiates, ils se piquaient très modérément de justice et violaient facilement leurs lois. Quand un citoyen avait l'occasion de s'emparer de la tyrannie, en principe il n'y manquait pas ; et s'ils estimaient la justice, c'était surtout chez les autres. Ce n'est pas un fait isolé, comme la célèbre affaire de Mélos, c'est toute l'histoire de la Grèce qui ne laisse aucun doute sur la faiblesse du sentiment du juste chez ce peuple, d'autre part si supérieur. Deux figures résument cette manière d'être : l'Athénien Alcibiade et le Spartiate Lysandre, qui étaient d'ailleurs de si grands hommes. Avant eux, Thémistocle avait bien montré le même caractère ; et, si l'on objecte Aristide, il faut se rappeler cette réponse du paysan : « Je suis las de l'entendre nommer le Juste. »

C'est par l'injustice envers ses alliés, contributions excessives, cruelles répressions, qu'Athènes a perdu son empire maritime. C'est par son défaut de sagesse, expédition de Sicile, qu'elle a perdu jusqu'à l'indépendance. C'est par son injustice envers les populations, sa faveur aveugle pour l'aristocratie chez ses alliés, que Sparte a préparé son isolement en face de la puissante Macédoine. A Rome, peuple de réfugiés, l'amour passionné du foyer engendre le travail opiniâtre, l'économie sévère et l'exercice militaire, c'est-à-dire les trois premiers principes de la sagesse humaine, et, après ceux-ci, tous les autres. Dans le doute, ils ne restent pas indifférents à l'égard de la Divinité, surtout ils ne la raillent pas, comme ont fait les Grecs, mais ils s'inclinent devant tous les dieux possibles, et avec un respect sincère. Ils resteront ainsi jusqu'au dernier jour. Après avoir admis dans leur Panthéon tous les dieux de leur empire, ils y admettront le Christ, et ils résisteront longtemps à ce que ce dernier venu chasse les autres. Ils pensaient que la crainte de la Divinité tout entière est sage, et, comme le faisaient observer les derniers défenseurs du paganisme, la Divinité, telle qu'ils l'avaient comprise, les avait singulièrement favorisés. Tel fut le Romain; il apparaît penché sur sa charrue, ou sur son livre de comptes, ou sous son lourd bagage de soldat, et encore plus courbé devant tous les dieux. Tout cela était rude, mais les fruits en ont été beaux pour Rome, pour le monde qu'elle a pacifié, et pour la postérité qui a hérité de ce grand exemple.

Les Romains aimèrent à se conformer à ce qui est nécessaire pour vivre, pour se défendre et pour vaincre. Se soumettre à la loi naturelle qui prescrit les conditions de la victoire dans la lutte pour l'existence, tel fut l'esprit des premiers Romains. Ce peuple était constitué pour avoir des lois et de bonnes lois. Il est né avec le goût du droit naturel, c'est-à-dire d'abord de ce qu'il est nécessaire, et ensuite de ce qu'il est bien de faire.

Or, sous les rois, le droit paraît avoir été plus ou moins arbitraire, et ce fut peut-être le principal grief contre ce régime qui, d'ailleurs, avait été si prospère. La République étant établie, le peuple réclama des lois stables, que dix principaux citoyens rédigèrent d'après les lois de Solon. Ces lois, inscrites sur douze tables de pierre, étaient formulées dans un rythme. Apprises littéralement, elles étaient chantées par les enfants. La connaissance du droit par tous n'était pas alors une fiction.

Les patriciens conservèrent pendant un temps le secret de la procédure; mais ce monopole avait peu d'inconvénients, parce que chaque plébéien était le client d'un patricien, son patron, qui l'assistait toujours en justice. Ainsi, le lien qui se forma d'abord entre patriciens et plébéiens fut un rapport d'avocat à plaideur.

La loi des douze tables était fort dure, et elle était incomplète. Les jurisconsultes se mirent à l'œuvre, et, à des questions bien posées, firent ce qu'on nomme encore aujourd'hui leurs Réponses, merveilles de rectitude, que les préteurs, avec leur pouvoir discrétionnaire, adoptèrent comme règles sous le titre d'Édit perpétuel; et ce sont ces Réponses, recueillies en Codes pendant la décadence, qu'on a si bien nommées la Raison écrite.

Rome a fait d'autres grandes choses; elle n'en a pas fait de plus belles. Les réponses des grands jurisconsultes romains sont le modèle éternel de l'interprétation du droit naturel, de ce qui est droit, *rectum*. Le Digeste, comme on appelle le

Code de Justinien, est toujours le principal monument du droit et le plus digne sujet d'étude dans les écoles spéciales du monde entier.

Ce n'est pas à dire que le Droit Romain puisse dispenser de faire des lois nouvelles; mais il enseigne l'art de faire de bonnes lois et l'art de les appliquer : *ars boni et æqui.*

Le discernement du juste est un art qui vient plutôt de l'âme que de l'esprit, et qu'on peut posséder malgré une ignorance complète du droit positif. Il naît de la droiture du cœur. Les Romains avaient le cœur droit, ou plutôt l'âme romaine était droite. L'âme grecque était ondoyante et diverse. Chez les Grecs, l'esprit faisait tort au cœur. Il était trop inquiet, trop ingénieux, trop subtil, excès merveilleux et fécond dès que Rome eut l'empire du monde. Si, au lieu des Romains, les Grecs avaient commandé, cette merveilleuse paix générale de quatre cents ans eût été remplacée par des agitations semblables à celles des débris de l'empire d'Alexandre. Mais, sous la paix romaine, l'esprit grec, loin de nuire au monde, servit de levain à la rustique gravité romaine et ouvrit l'intellect encore obtus de tous les peuples de l'empire. En même temps que les jurisconsultes romains faisaient fleurir le droit, l'esprit grec, remuant toutes les questions philosophiques, initiait le monde à des idées profondes : l'atome matériel, pure énergie, c'est-à-dire tout autre que l'esprit humain ne saurait d'abord l'imaginer, quasi-immatériel; l'Être éternel, pure Énergie intelligente et créatrice.

C'est ainsi que le génie grec put réveiller les peuples de leurs cauchemars et préparer les voies du christianisme. Jamais, sans l'assouplissement préalable de l'esprit humain par les Grecs, le monde n'aurait renoncé à ses idoles.

A la faveur d'une entière sécurité, les esprits devinrent avides d'idées; l'instruction et la culture intellectuelle furent l'objet principal des classes aisées. La douceur de ces occupations influa sur les âmes et les disposa à la bienveillance. L'esclave fut protégé contre le maître; mais, si la loi fût formulée, c'est qu'elle était réclamée par le sentiment public, même de la part des puissants. Les maîtres tendaient de plus en plus à considérer l'esclave comme un membre inférieur de la famille. On l'appelait *puer*, enfant. Beaucoup le traitaient comme tel, faisaient élever avec soin les mieux doués, et les établissaient industriels ou commerçants; même ils leur faisaient étudier les lettres, le droit, la médecine; puis ils les affranchissaient. On vit un esclave, devenu riche et célèbre, refuser d'être affranchi. Il y a là une situation morale réciproque à la fois noble et charmante. La loi dut intervenir pour empêcher les affranchissements, surtout ceux en masse par testament, lesquels mêlaient aux citoyens des individus insuffisamment préparés à cette dignité. Bref, les âmes s'humanisaient dans le monde romain, et Marc-Aurèle, sous la pourpre impériale, personnifia le triomphe de la plus belle philosophie.

Tandis que s'adoucissaient ainsi les sentiments de la classe supérieure, la doctrine chrétienne était accueillie par les pauvres et les esclaves comme le cri de leur propre intérêt. Tous les hommes frères, voilà toujours ce que rêvent les déshérités. Heureusement pour la civilisation, cette doctrine, relevée par le prestige du Christ, Dieu incarné, vint enseigner aux malheureux la résignation et l'espoir; autrement le relâchement de l'autorité des maîtres aurait pu amener des révoltes dans tout l'empire, et l'anarchie aurait eu des conséquences bien plus déplorables que l'invasion des barbares.

Grâce à la nouvelle religion, les peuples demeurèrent partout dans l'obéissance, tandis que les légions étaient aux frontières. Nulle part à l'intérieur, jusqu'à la fin du quatrième siècle, le calme et l'ordre ne furent troublés. Cependant la hiérarchie religieuse s'organisait et la doctrine était élaborée par ces philosophes chrétiens qu'on nomme les pères de l'église. Ils y ont fait entrer les plus hautes conceptions de la philosophie antique, résumée dans des idées simples, qui semblent parfois puériles. Il fallait se faire entendre de tous; telle est la première condition d'une religion positive. Mais le fait est que toute la substance des plus profondes méditations philosophiques a été mise dans le dogme chrétien à la portée des plus humbles.

Mais les hommes jeunes et valides ne sont pas faits pour vivre dans la sécurité, gardés comme des moutons contre les loups; ils doivent vivre dans le danger et s'exercer constamment pour y faire face. Pour éviter l'invasion, Rome aurait dû armer et exercer tous les peuples qu'elle se bornait à défendre. Mais, si elle avait fait ainsi, les peuples armés et exercés auraient bientôt tourné leurs armes contre elle d'abord, et ensuite entre eux, conformément à la loi naturelle qui tend à la beauté plastique, intellectuelle et morale. Rome fut toujours trop politique pour se suicider de cette manière, et, en bonne foi, on ne saurait le lui reprocher. Elle se contentait donc de choisir les hommes les plus aptes aux armes, et elle les prenait volontiers parmi les barbares. Incorporant ainsi dans ses troupes les meilleurs éléments militaires tant de l'intérieur que du dehors, elle résista aussi longtemps qu'il était humainement possible, dès qu'elle ne voulait pas donner des armes à ses sujets pour la battre.

Le gouvernement impérial s'opposait ainsi à la loi naturelle du progrès de l'humanité; il succomba enfin et fit place à plusieurs royaumes.

Cependant l'empire de Rome ne disparut pas. Il ne fit que changer de nature. Au lieu de l'empereur disparu, on vit s'élever l'évêque de Rome, et le Pape domina les rois.

Il en fut ainsi sans conteste durant mille ans, au cours desquels les conquérants barbares devinrent des chevaliers, et les serfs, des peuples capables de faire la guerre. Les conquérants avaient été des éducateurs de courage.

La difficulté de vivre avait éveillé l'intelligence dans la classe moyenne, mais cette intelligence manquait d'une éducation appropriée à des fins largement humaines. Les éducateurs étaient le clergé et les professeurs de philosophie scolastique. Ils avaient, durant le triomphe du courage brutal, empêché l'esprit de s'éteindre; mais le clergé lui imposait des bornes étroites, et les philosophes scolastiques le fatiguaient de leurs mots sans substance. La théologie et la philosophie avaient préparé un excellent instrument intellectuel; mais cet instrument fonctionnait dans la métaphysique avec le clergé, dans le vide avec les professeurs laïques; l'esprit ne s'appliquait pas à la réalité terrestre.

Or, en même temps que la féodalité disparaît, les éducateurs intellectuels arrivent; les Grecs de l'empire d'Orient, fuyant les Turcs, nous apportent tout le trésor de l'antiquité, les lettres, les arts et le droit romain.

L'esprit nouveau produisit successivement trois grands faits : au seizième siècle, la Réforme ; au dix-septième, la libre philosophie ; au dix-huitième, la Révolution française.

La Réforme a créé une concurrence qui oblige l'Église catholique à des efforts incessants ; et celle-ci est aujourd'hui plus grande que jamais.

La libre philosophie prépare les esprits à la synthèse de la science générale, synthèse qui rendra hommage à la religion, et dont la religion à son tour s'inspirera pour expliquer et parfaire son dogme ; lequel doit finalement se confondre d'une part avec la science et d'autre part avec l'idéal ; avec la science pour l'explication de l'univers, avec l'idéal pour la morale.

La Révolution a proclamé la liberté de chacun dans le bien, et l'égalité de tous devant la récompense du mérite ; elle a reconnu le droit de tous à la vie et à l'instruction, le droit des faibles à l'assistance ; c'est un haut idéal de justice et d'humanité. Enfin, elle a amené des guerres sans précédent et l'instruction militaire universelle, c'est-à-dire l'éducation noble pour tous. Dès lors plus de castes; l'espoir est permis à chacun dans la mesure de son courage. La tyrannie n'est plus possible, si ce n'est celle du nombre. Ce n'est donc plus aujourd'hui du côté du nombre, jadis opprimé, maintenant oppresseur, que les gens de cœur doivent incliner, mais plutôt du côté du principe d'autorité chez les meilleurs, et même chez un prince élu par l'élite de la nation. Les grands peuples sont appelés à voir des jours plus beaux encore que ceux des Antonins, et peut-être d'une manière définitive, excepté les vicissitudes inséparables des choses humaines. Mais il ne faut pas souhaiter le rétablissement d'un impérium unique et effectif sur le monde. La fédération de toutes les nations en Etats-Unis n'est aussi qu'un rêve inférieur; ce n'est pas en vain que les nations ont chacune leur génie propre et leur langue. Loin de songer à s'unifier dans la monotone uniformité d'un empire, ou de penser à se fédérer par des traités et des constitutions éphémères, elles doivent garder chacune leur originalité et leur indépendance, et rivaliser entre elles dans la vraie grandeur, à la poursuite incessante de l'idéal; et en raison même de ce noble but, cette rivalité n'aura un jour d'autre sens que celui de fraternité, dans le règne terrestre du Christ, enfin triomphant.

La lutte est une loi de l'humanité; mais cette lutte, ou seulement le danger, étranger ou social, la conduit vers le beau.

L'AME

LA QUESTION
DE L'AME

Avons-nous une âme, et, si nous en avons une, que deviendra-t-elle?

Telles sont les questions qui restent comme les plus importantes d'un ensemble de questions qui se posent successivement dans notre esprit, au fur et à mesure que son champ de vue s'étend.

Qu'est-ce que cet Univers? Comment s'est-il formé? Que sommes-nous nous-mêmes? D'où venons-nous? Où allons-nous?

Essayons d'étudier ces questions, en dégageant celles qui nous intéressent le plus.

LA MATIÈRE

Tâchons d'abord d'analyser les choses et les êtres qui nous entourent.

La matière peut être ramenée à un certain nombre de corps simples, tels que l'hydrogène et le carbone, le fer et l'argent.

Ces corps sont composés de parties indivisibles, idéales, mais d'une existence certaine, qu'on nomme atomes ou éléments.

Les atomes se révèlent comme des forces et comme des formes : leur force se manifeste, par exemple, dans l'affinité de deux corps qui se combinent entre eux; et leur forme dans la cristallisation, qui se produit lorsqu'un corps passe de l'état liquide ou gazeux à l'état solide.

Dans les phénomènes chimiques, *rien ne se crée, rien ne se perd*. Le poids d'un composé est égal au poids des composants. C'est ce que l'on nomme la loi de la conservation de la matière.

Le charbon qui brûle dans nos foyers semble s'annihiler; mais, en réalité, il s'est uni à l'oxygène de l'air, et a formé avec lui un produit, l'acide carbonique, gaz incolore, dont le poids est égal à la somme des poids de l'oxygène et du charbon combinés.

Deux corps, pour former un même composé, se combinent toujours dans des proportions invariables. C'est ce qu'on nomme la loi des proportions définies. Ainsi, lorsque, pour former de l'eau, l'hydrogène se combine avec l'oxygène, deux volumes d'hydrogène s'unissent à un volume d'oxygène. Si, au lieu de considérer les volumes, on considère les poids, l'expérience prouve que 1 gramme d'hydrogène se combine toujours avec 8 grammes d'oxygène.

Deux corps peuvent se combiner en diverses proportions, mais ces proportions sont toujours définies. Ainsi 14 grammes d'azote peuvent se combiner avec 8 grammes ou 16 grammes ou 24 grammes d'oxygène, etc.

Quand un corps liquide ou gazeux passe à l'état solide, il prend, en général, si le changement d'état se fait lentement, des formes géométriques régulières, qu'on nomme des cristaux. La forme géométrique n'est pas toujours apparente à l'extérieur des corps ; on la reconnaît le plus souvent dans la cassure.

Chaque substance, en cristallisant dans les mêmes conditions, affecte toujours la même forme, ou une forme du même système cristallin : système cubique (sel marin) ; système du prisme droit à base carrée (oxyde d'étain) ; système du prisme droit à base rectangle (soufre natif), etc. (1).

La matière révèle donc, à l'analyse, de véritables individus doués d'une force réglée, laquelle, évidemment, n'agit qu'en raison d'une sensibilité spéciale ; ces individus sont impérissables ; ils affectent des formes déterminées : ce sont des êtres mécaniques.

Ces êtres composent tout ce que nous voyons, et d'abord les minéraux solides, liquides ou gazeux, puis les êtres organisés, végétaux et animaux ; mais ils ne composent les êtres organisés que sous l'action d'un germe ; en dehors de l'action d'un germe, ils ne forment jamais que des minéraux.

(1) Troost, *Chimie élémentaire.*

LES GERMES

Pourtant, les premiers êtres organisés, végétaux et animaux, étant évidemment sortis de la terre, l'idée vient naturellement que, dans certaines conditions, la matière est capable de produire seule des êtres organisés.

Cette idée doit être aussi vieille que le monde : « Tout corps sec qui devient humide, et tout corps humide qui se dessèche, engendrent des animaux », disait Aristote. Les abeilles, selon Virgile, naissent des entrailles corrompues d'un jeune taureau.

« L'eau du Ciel, dit Lucrèce, féconde le sein de la Terre, notre bonne mère; elle conçoit alors et enfante les riantes moissons, les verts arbrisseaux, les hommes et toutes les espèces d'animaux sauvages ». Sous Louis XIV, le célèbre médecin Van Helmont enseignait que l'odeur des marais produit des grenouilles, que des grains de blé peuvent engendrer des souris, que l'herbe se change en scorpions.

Un naturaliste italien, Redi, fut le premier qui apporta dans cette question un examen attentif; observant les vers de la chair en putréfaction, il fit voir que ces vers ne naissaient pas spontanément, qu'ils étaient des larves d'œufs de mouches. Pour empêcher les vers de naître, Redi montra qu'il suffisait d'entourer la chair d'une gaze fine avant de l'exposer à l'air. Aucune mouche ne venant se poser sur cette chair protégée, il n'y avait point d'œufs déposés, et par conséquent ni larves ni vers (1).

Mais Buffon apporta à l'appui de la doctrine de la génération spontanée l'autorité de son nom, et le problème reparut plus pressant que jamais en 1858. M. Pouchet, directeur du Muséum d'histoire naturelle de Rouen, correspondant de l'Académie des sciences, déclara à cette académie qu'il avait réussi à démontrer d'une façon certaine, absolue, l'existence d'êtres microscopiques venus au monde sans germes.

---

(1) *M. Pasteur, histoire d'un Savant par un Ignorant*, in-18, chez Hetzel, pages 115 et suivantes.

M. Pasteur, occupé à cette époque de ses recherches sur les fermentations, fut amené à étudier la question, et il démontra que les êtres microscopiques de M. Pouchet étaient nés de germes, tombés de l'air dans la cuve à mercure sur laquelle M. Pouchet opérait.

Les partisans de la génération spontanée ne se rendirent pas, et dans l'ouvrage déjà cité, M. Le Reboullet résume ainsi leur objection : « Qui vous dit que, pour déterminer l'existence d'êtres microscopiques dans un liquide putrescible ou fermentescible, il faille, comme vous le prétendez, l'existence préalable de germes? Le premier moteur de la vie des êtres microscopiques ne peut-il pas consister tout entier dans un milieu approprié, mis en activité par un certain fluide, magnétisme, électricité, ozone même? »

Après avoir placé une infusion très altérable dans un ballon de verre, M. Pasteur porta le liquide à l'ébullition, et ensuite y laissa pénétrer l'air extérieur, mais débarrassé de tout germe. Dans ces conditions, le liquide du ballon, si putrescible qu'il puisse être, se conserve indéfiniment sans la moindre altération.

L'Académie des sciences avait, en 1860, proposé un prix dont elle avait précisé les conditions en ces termes : « Essayer, par des expériences bien faites, de jeter un jour nouveau sur la question des générations spontanées ». M. Pasteur remporta le prix.

Il concluait, dans une célèbre leçon à la Sorbonne : « Non, il n'y a aucune circonstance, aujourd'hui connue, qui permette d'affirmer que des êtres microscopiques sont venus au monde sans germes, sans parents semblables à eux. Ceux qui le prétendent ont été les jouets d'illusions, d'expériences mal faites, entachées d'erreurs qu'ils n'ont pas su apercevoir ou qu'ils n'ont pas su éviter. La génération spontanée est une chimère. »

Et M. Flourens, secrétaire perpétuel de l'Académie des sciences, prononça un jour ces paroles devant l'Académie tout entière, avec l'autorité d'un président de cour prononçant un arrêt : « Tant que mon opinion n'était pas formée, je n'avais rien à dire ; aujourd'hui, elle est formée et je la dis. Les expériences sont décisives. Pour avoir des animalcules, que faut-il, si la génération spontanée est réelle ? De l'air et des liquides putrescibles. Or, M. Pasteur met ensemble de l'air et des liquides putrescibles, et il ne se fait rien. La génération spontanée n'est donc pas. Ce n'est pas comprendre la question que de douter encore. »

LE PRINCIPE DE LA VIE

Donc le germe est bien composé de matière, mais il contient le principe d'une force spéciale et d'une forme particulière.

Cette force, la vie, consiste, dans ses caractères les plus généraux, à choisir, absorber et modifier la matière ambiante, pour développer la forme de l'être organisé. Elle se reproduit ensuite. Puis son action décroît et elle cesse enfin d'animer l'organisme.

Dans un certain volume de matière solide, liquide ou gazeuse, l'unité de force et de forme, c'est l'atome ou la molécule, selon que les corps sont simples ou composés; chez les êtres organisés, l'unité, c'est l'organisme entier.

La force organique domine les forces inorganiques et les fait servir à ses fins.

Elle ne conserve pas les mêmes éléments inorganiques, mais les élimine et les renouvelle sans cesse.

Peut-on expliquer la vie par une disposition spéciale de la matière du germe dans les organismes générateurs, disposition analogue à celle d'un mouvement d'horlogerie, dont le ressort serait prêt à fonctionner dans un milieu approprié? Cette disposition déterminerait l'évolution de l'être vivant, sans qu'il soit besoin d'admettre l'existence dans le germe d'une substance autre que la matière.

Cette idée naît de la répugnance d'admettre l'existence de toute autre substance que la matière. Mais l'existence de substances autres que la matière n'est pas plus admirable que l'existence de la matière; l'existence des atomes est aussi merveilleuse que l'existence, dans le germe, d'une énergie individuelle distincte de la matière du germe. Pourquoi donc ne pas essayer de connaître les principes de vie par analogie avec la matière même?

Pourquoi n'existerait-il pas des atomes de substance différente, qui seraient les principes de vie des germes; ces principes de vie étant des êtres individuels développant une énergie supérieure à la matière, et des formes tout à fait différentes des formes minérales? Ce n'est pas que l'explication du mouvement d'horlogerie soit insoutenable, notamment pour les végétaux et les animaux inférieurs; mais l'existence des principes de vie, êtres individuels, doués d'une énergie propre, est infiniment plus probable.

On objectera qu'il est excessif d'attribuer un principe de vie distinct de la matière, une sorte d'âme, à une graine de mauvaise herbe, ou au germe d'un microbe. Mais les partisans de la génération spontanée ne raisonnaient pas autrement quand ils disaient que la nature ne pouvait pas garder en réserve la quantité effrayante de germes dont M. Pasteur affirmait l'existence. « Quoi, disaient-ils, pour un animalcule, un germe! La nature aurait trop à faire, et l'atmosphère deviendrait dense comme du fer! »

Ici, il ne s'agit plus des germes tout entiers, puisqu'ils contiennent de la matière, mais d'atomes immatériels qu'ils contiendraient aussi, unis à la matière, et agissant comme les moteurs du mouvement d'horlogerie préparé dans les organismes générateurs.

Notre esprit, avide de clarté, aime à supposer que les choses sont simples ; or, la nature n'est pas simple : ce que nous en connaissons révèle une œuvre très compliquée.

*
* *

Voyons un peu, d'après le botaniste Duchartre, ce que contient une cellule végétale.

Si nous examinons avec attention, et sous un fort grossissement, une cellule entièrement développée et encore bien vivante, nous verrons que ses parois sont tapissées d'un liquide visqueux. Cette matière semble se ramasser en plus grande quantité sur un certain point, et là elle englobe un corps particulier qui apparaît comme une petite sphère contenant elle-même une sphérule. La cellule est remplie d'un liquide aqueux.

La couche visqueuse représente la partie essentiellement active et vivante de la cellule ; existant avant les autres parties de la cellule, elle les produit toutes successivement. C'est pourquoi on nomme cette matière protoplasma (du grec *proto*, premier ; et *plasma*, ouvrage modelé ou façonné).

Dans certaines cellules, on voit des filaments plus ou moins nombreux de protoplasma traverser la cavité cellulaire, reliant les parois de la cellule entre elles, formant un amas central, s'entrecroisant, en un mot, formant un réseau. Dans ces filaments, on constate qu'il s'opère constamment un transport de matière, c'est-à-dire un courant protoplasmique, montant dans les fils d'un côté de la cellule, descendant dans ceux du côté opposé, et exécutant ainsi une véritable circulation.

Quant à la petite sphère, elle a commencé par exister seule et par être le centre autour duquel s'est formée la cellule. Elle ne s'est rapprochée de la paroi de la cellule que lorsque la cavité de cette cellule s'étant considérablement agrandie, le protoplasma, qui d'abord la remplissait, a été réduit à ne plus former qu'une couche mince, qui tapisse la membrane cellulaire solide.

En raison du rôle majeur qu'il joue, ce petit corps a été nommé noyau de la cellule, *nucleus*. Il contient lui-même un ou plusieurs autres petits noyaux, nucléoles.

Le nucleus exécute, dans les cellules vivantes, des changements de place, qui prouvent que la motilité est un attribut des formations protoplasmiques. Les mouvements de ce petit corps sont fréquents et durables. Quand la cellule, sortie de l'état de première jeunesse, n'a plus qu'à subir un simple agrandissement, son nucleus offre des alternatives de mouvement et de repos; sous les yeux de l'observateur, il se déplace, tantôt vite, tantôt lentement; quelquefois il traverse la cavité cellulaire en ligne droite ou sinueuse; quelquefois aussi, arrivé contre la paroi cellulaire, il s'applique contre elle et rampe tout du long, pendant plus ou moins longtemps, pour revenir ensuite dans la cavité et la traverser de nouveau. Il n'existerait aucune relation entre ces mouvements du nucleus et les courants du protoplasma.

La merveilleuse faculté de se mouvoir que nous venons de reconnaître à la matière protoplasmique dans l'intérieur des cellules vivantes, lui appartient également lorsqu'elle se trouve vivante hors de toute cavité cellulaire. Ce dernier cas se trouve réalisé dans les deux exemples suivants.

Le premier est celui de certains êtres fort étranges, que les uns regardent comme des champignons, tandis que d'autres les rattachent au règne animal. Ces singuliers végétaux sont entièrement composés d'une matière gélatineuse, dont la configuration irrégulière change presque à chaque instant. Cette matière s'applique sur les corps en rampant ou glissant à leur surface, et, pour cela, elle émet des prolongements, qui eux-mêmes se renforcent en se réunissant par places à leurs voisins; elle envahit ainsi, même de bas en haut, des objets divers et des plantes vivantes. Elle offre dans sa substance des courants visibles; en un mot, elle présente des caractères qui ne peuvent appartenir qu'à un protoplasma, mais nu, c'est-à-dire non enveloppé dans des enveloppes cellulaires solides. L'un de ces êtres n'est que trop commun dans les serres où il prend naissance dans la tannée, ce qui le fait nommer vulgairement *fleur de tan;* on le voit parfois, dans l'espace d'une nuit, envahir des plantes et causer des dégâts considérables.

Le second exemple est fourni par certains corps reproducteurs propres à des végétaux qui ne produisent pas de fleurs, d'où ils sont appelés cryptogames (du grec *crypto*, caché; et *gamos*, mariage) par Linné, qui exprimait ainsi l'ignorance où l'on était, à son époque, touchant le mode de reproduction de ces végétaux inférieurs. Ces corps reproducteurs sont de deux sortes et jouent deux rôles différents; mais ils se ressemblent en ce que les uns et les autres ne sont pas autre chose qu'une très petite masse de protoplasma, sans enveloppe solide; ces petites masses, après être sorties d'une cellule, jouissent de la faculté de se mouvoir dans l'eau, en agitant rapidement des filaments d'une extrême ténuité, qu'on nomme leurs *cils vibratiles*. Entre ces corps, les plus petits et les plus variés de forme jouent le rôle d'agents fécondateurs ou d'organes mâles, puisque leur intervention est nécessaire pour que d'autres masses protoplasmiques, évidemment femelles, deviennent des organes susceptibles de germer et de s'accroître en une nouvelle plante. On nomme ces masses femelles graines ou *spores*, et les masses mâles des *zoospores*, parce qu'elles se meuvent à la façon d'un animal. Les zoospores sont plus ou moins ovoïdes, avec une extrémité rétrécie ou un peu plus pointue et transparente, appelée le *rostre* (de *rostrum*, bec), qui se trouve en avant pendant la natation, et à la base de laquelle on observe souvent, sur un côté, un petit point rouge nommé *point oculiforme*. Leurs organes moteurs sont des cils vibratiles, au nombre le plus souvent de deux, et alors dirigés, soit l'un et l'autre en avant, soit un en avant et le second en arrière. Après leur sortie de la cellule mère, dont le protoplasma s'est individualisé ou fragmenté pour les former, les zoospores nagent dans l'eau, avec une complète apparence de spontanéité, se portant même presque toujours vers la lumière, pendant un espace de temps qui dépasse rarement un petit nombre d'heures, et au bout duquel elles se fixent à la surface du sol, ou d'un corps étranger quelconque. Aussitôt elles se recouvrent d'une membrane cellulaire solide, et dès lors chacune d'elles constitue une cellule complète, qui commence immédiatement à se développer en une plante semblable à celle qui les avait produites (1).

(1) Duchartre, *Éléments de Botanique.*

Voilà ce qui se passe chez les êtres organisés placés au plus bas degré de l'échelle.

⁂

Ecoutons maintenant Leibniz, d'après M. Fouillée. Les phénomènes, selon Leibniz, doivent avoir une cause fondamentale, et c'est cette cause qu'on appelle la substance. Qui dit substance, dit force. Si on ne peut dépeindre la force, on peut du moins en éclaircir la notion par l'analogie. Regardez en vous-mêmes : la force est en vous, elle est vous. « ... Je trouvai donc, dit Leibniz, que la nature des substances consiste dans la force, et qu'ainsi il fallait les concevoir à l'imitation des âmes. »

Le premier caractère que Leibniz attribue à la substance active est la simplicité. On arrive ainsi à des unités de forces, à des atomes de substances, à des monades (du grec *monos*, seul), c'est-à-dire individus ou êtres simples. Ces unités de forces sont réelles et vivantes. Les monades, selon Leibniz, sont donc les éléments primitifs de tous les êtres, et, pour ainsi dire, les points initiaux de tout ce qui apparaît.

L'être organisé est un agrégat d'individus, auquel une « monade dominante » impose son unité. Dans le corps vivant, les forces secondaires s'écoulent perpétuellement « comme un fleuve », mais la force régulatrice persiste et exprime son unité substantielle par la forme du corps qu'elle anime. De là ce mécanisme de la vie, si supérieur à toutes les machines construites par l'art humain. Le corps organisé « est machine, non seulement dans le tout, mais dans la moindre de ses parties » (1).

Tout ceci nous paraît être la vérité, l'évidence même. Nous pourrions donc conclure dès maintenant à l'existence de principes de vie distincts de la matière dans tous les êtres organisés ; mais nous ne le ferons pas, parce qu'il y aurait lieu d'éclaircir auparavant des points secondaires, afin de prévenir certaines objections, et que nous n'avons pas d'intérêt suffisant à cette démonstration. Il nous importe médiocrement, en effet, que

---

(1) A. Fouillée, *Histoire de la Philosophie.*

les organismes inférieurs aient des âmes ou qu'ils n'en aient pas ; une seule question nous touche, à savoir si l'homme en a une ; et c'est ce que nous nous attacherons à établir, en nous appuyant sur ce qui précède, et en cherchant la preuve de l'existence de l'âme humaine dans l'observation directe et les conclusions que la raison déduit de cette observation. Mais nous ferons ressortir d'abord l'utilité de la croyance à l'âme humaine, afin de disposer l'esprit du lecteur à ne pas rejeter légèrement les arguments favorables, à bien scruter le fond des objections, et, dans le cas où il lui resterait quelque doute, à incliner vers l'affirmation plutôt que vers la négation. Plus il y pensera, plus il trouvera les objections faibles et les preuves fortes.

UTILITÉ DE LA CROYANCE A L'AME

Lors même qu'il serait établi que l'homme n'a point d'âme, ou, ce qui revient au même, qu'il n'a qu'une âme mortelle, nous n'en serions pas moins obligés, pour obtenir en ce monde la plus grande somme possible de bonheur et d'honneur, conformément à notre tendance innée, de nous conduire d'une manière qui se confond avec le bien ; le beau, l'idéal, resterait toujours digne de l'admiration et de l'amour des hommes.

Lucrèce, qui forme l'âme d'éléments subtils, ne croit pas à sa survivance, ses éléments se dispersant après la mort, comme les atomes matériels du corps. Cependant il détourne de toutes ses forces l'homme des plaisirs grossiers et il lui montre le bonheur dans le travail, la pureté de la conscience et le culte du beau.

Les stoïciens ne croyaient pas à l'existence d'une âme humaine individuelle. Selon eux, c'était une Ame universelle qui animait l'homme, comme les animaux, les plantes et les minéraux même. Or, personne n'a porté la moralité plus haut que les stoïciens.

On peut donc être un très honnête homme sans croire à l'existence de l'âme ; on peut même, en raison du désintéressement, s'élever plus haut peut-être que celui qui croit son âme immortelle ; mais il est bien plus aisé de tomber au-dessous.

En effet, il faut une dépense appréciable d'attention, il faut de l'expérience, il faut même d'abord de la foi dans les parents et les maîtres, pour arriver à la persuasion que le moyen du bonheur est le bien ; or, la croyance à l'âme aide à bien faire, car une vie future inférieure à celle-ci ne tente personne. Pour l'idéal, les malheureux en sont si loin, et ils sont tellement pressés par les basses fatalités de la vie, qu'ils finissent par s'en désintéresser, s'ils ne sont soutenus par la croyance dans une autre existence. Cette croyance, du fond de leur misère, leur ouvre le ciel.

Si l'âme immortelle n'existe pas, l'injustice du sort est affreuse pour beaucoup. Et cependant nous venons au monde tous avec un sentiment très fort de la nécessité de la justice.

Il y a dans cette contradiction une cause de révolte chez les déshérités, et de révolte sans autre frein qu'une répression impitoyable ; car la doctrine d'Épictète n'est pas à la portée de tous ; disons mieux : elle dépasse la portée humaine, et il serait oiseux de la prêcher aux misérables.

Il n'est donc point indifférent que l'homme ait une âme. Dans le doute, il est même avantageux qu'il le croie.

Or, lors même que l'existence de l'âme ne serait point démontrée d'une manière incontestable, ce doute subsistera toujours, tant qu'on n'aura pas démontré la non-existence de l'âme.

La croyance à l'âme n'offre aucun inconvénient : la négation est dangereuse dans cette vie et après la mort. C'est l'argument de Pascal au sujet de la Divinité.

Ce n'est pas à dire que l'existence de l'âme soit désirable : ceci est tout autre chose, et l'on peut très bien soutenir que la perspective d'une série d'autres vies n'a rien d'attrayant, étant donné la quantité de mal qu'il y a dans celle-ci. Peu de personnes consentiraient à recommencer leur vie telle quelle, et de cette expérience l'on peut induire que les vies futures doivent être, comme celle de ce monde, une série d'efforts souvent pénibles. Homère, si vivant, si ardent, tant ennemi de la mélancolie, ne peut s'empêcher d'avouer que la condition de l'homme est misérable; de là à souhaiter l'éternel sommeil, il n'y a qu'une conclusion raisonnable; mais il n'y croit pas, il redoute pis.

Il ne s'agit donc pas de ce qui est désirable, mais de ce qui est. Or, l'existence de l'âme est plus que probable, et l'on peut même soutenir qu'elle est évidente. Mais cette évidence ne facilite aucunement la démonstration. On voit le Soleil, son existence est évidente; mais prouver qu'il existe n'est pas aisé. Il faut invoquer le témoignage des sens et l'accord universel des hommes. De même, l'existence de l'âme se démontre par le témoignage du sens intime et le consentement universel. Et le témoignage du sens intime vaut au moins le témoignage des sens organiques. Ceux-ci se trompent quelquefois complètement : nos yeux nous affirment que le Soleil tourne autour de la Terre ; et Descartes n'a cru pouvoir fonder la philosophie moderne que sur un témoignage du sens intime : « Je pense, donc je suis. » Or, le sens intime nous affirme l'existence d'une âme individuelle, comme nous allons tâcher de le déduire.

EXISTENCE DE L'AME

Peut-on admettre que, dans des organismes-machines, la matière, sans autre principe, possède la sensibilité? Oui, car l'atome matériel est un être qui sent et qui tend. Mais alors la sensation ne peut être perçue par un moi unique et central. L'être pourra sentir et agir en conséquence, mais inconsciemment.

A quel titre en effet un atome matériel dominerait-il tous les autres? Ils sont comme équivalents. Ou bien, comment le sentiment de la personnalité, c'est-à-dire de l'unité, résulterait-il d'une réunion d'atomes matériels? La sensibilité et l'action peuvent en résulter, non le sentiment d'une personnalité unique, mais bien le sentiment de personnalités multiples, comme lorsque plusieurs personnes sont ensemble; et plusieurs signifie ici un nombre incommensurable d'atomes matériels.

Une partie du système nerveux reçoit une impression, soit des choses extérieures, soit d'une modification intérieure, et alors nous sentons notre corps dans un point ou une région plus ou moins étendue : sensation du froid, des saveurs, des odeurs.

Le système nerveux jouit ou souffre dans un point ou dans une région, et quelque chose de central perçoit ce plaisir ou cette douleur. Aussitôt cette chose centrale tend à prolonger le plaisir ou à faire cesser la douleur.

Dans la théorie de l'organisme-machine, cette chose centrale est composée de plusieurs atomes matériels ou d'un seul.

On ne comprend pas.

Que si au lieu d'atomes matériels, on attribue l'action centrale à une unité de substance, différente de la matière et la dominant, l'on comprend.

Cette chose centrale, c'est le moi ou l'être personnel. Le moi se conçoit lui-même simple et un, et il conçoit le corps comme différent de lui, bien que liés ensemble par la communication de la douleur ou du plaisir.

Si, au lieu de l'organisme-machine, purement matériel, on essaie d'entendre l'idée stoïcienne de l'organisme animé par une Énergie supérieure faisant vivre tout l'Univers, on ne s'explique pas davantage l'existence du moi.

De tout temps, les hommes civilisés ont reconnu l'existence de l'âme; certaines races s'en occupant davantage, comme les Hindous; d'autres moins, comme les Chinois; mais aucune sans exception ne rejetant cette croyance. La notion de l'âme a grandi avec le temps. Les ancêtres des races indo-européennes pensaient que l'âme demeurait avec les restes mortels. Si vieilles que soient ces croyances, il nous en est resté des témoins authentiques. Ces témoins sont les rites de la sépulture, qui ont survécu de beaucoup à ces croyances primitives, mais qui certainement étaient nés avec elles et peuvent nous les faire comprendre. Les rites de la sépulture montrent clairement que lorsqu'on mettait un corps au sépulcre, on croyait y mettre quelque chose de vivant. Virgile, qui décrit toujours avec tant de précision et de scrupule les cérémonies religieuses, termine le récit des funérailles de Polydore par ces mots : « Nous enfermons l'âme dans le tombeau. » C'était une coutume, à la fin de la cérémonie funèbre, d'appeler trois fois l'âme du mort par le nom qu'il avait porté. On lui souhaitait de vivre heureux sous la terre. Trois fois on lui disait : « Porte-toi bien! » On ajoutait : « Que la terre te soit légère! » On écrivait sur le tombeau que l'homme reposait là ; expression qui a survécu à ces croyances et qui de siècle en siècle est arrivée jusqu'à nous. On croyait si fermement qu'un homme vivait là qu'on ne manquait jamais d'enterrer avec lui les objets dont il pouvait avoir besoin, des vêtements, des vases, des armes. On répandait du vin sur sa tombe pour étancher sa soif; on y plaçait des aliments pour apaiser sa faim.

Plus tard probablement, l'on admit que l'âme avait la faculté de quitter temporairement le corps. Après la prise de Troie, les Grecs vont retourner dans leur pays; chacun d'eux emmène sa belle captive; mais l'âme d'Achille, qui est mort, vient aussi réclamer sa captive, et on lui donne Polyxène.

Plus tard encore, une autre opinion s'établit

chez les anciens. Ils se sont figuré une région souterraine où toutes les âmes, loin de leur corps, vivaient rassemblées, et où des peines et des récompenses étaient distribuées suivant la conduite que l'homme avait menée pendant sa vie (1).

Nous ne faisons cas du consentement universel que comme témoignage adjuvant, le témoignage principal et déterminant étant celui du sens intime, c'est-à-dire de l'action de sentir par un moi qui s'affirme unique et qui constitue la personnalité.

La plupart des objections contre l'âme sont provoquées par l'idée qu'on s'en fait. C'est ainsi qu'on lui attribue des facultés qui sont physiques, comme l'esprit proprement dit. Nous allons tâcher de nous rendre compte de la nature de l'âme.

(1) Fustel de Coulanges, *la Cité antique*, I, Hachette.

NATURE DE L'AME

L'organisme humain est un système nerveux, dont dépendent d'abord un appareil d'alimentation : respiration, nutrition, circulation ; et puis un autre appareil, squelette et muscles, pour se mouvoir et agir sur les choses extérieures.

Le système nerveux est l'intermédiaire par lequel le moi éprouve les sensations du bien-être ou du malaise corporels, après lesquelles il veut prolonger la sensation ou la faire cesser. Ces sensations, telles que celles du chaud ou du froid, peuvent ne pas éveiller la pensée : la modification corporelle est suivie alors d'une tendance physique inconsciente ; ce fait se produit souvent dans le sommeil, et même dans la veille lorsqu'on est très occupé d'autre chose.

C'est par l'intermédiaire du système nerveux que le moi connaît les sensations intellectuelles : la vue, l'ouïe, le toucher ; c'est par le cerveau qu'il conçoit sa propre existence et celle des objets extérieurs. Selon que le cerveau est bien ou mal conformé, il fonctionne bien ou mal, le moi a des pensées saines ou erronées ; ou plutôt il partage ces pensées, comme il partage les sensations corporelles ; car le cerveau peut penser sans la participation du moi. Ce fait se produit dans le sommeil et même dans l'état de veille. L'esprit est une fonction organique, comme la digestion ; celle-ci transforme les aliments en globules sanguins, microscopiques organismes vivants ; il transforme les sensations physiques en pensées, et il reçoit aussi directement des idées de l'âme, par voie de sensations morales ; telle est l'idée du beau. La pensée est analogue à la photographie ; mais elle peut modifier les images et les combiner. Pour les sons, le cerveau est un phonographe ; il enregistre les vibrations, comme pour le toucher, l'odorat, le goût, ou tout autre ébranlement de cause interne ou externe. Il perçoit et il compare ; il compte, il mesure, il analyse ; il associe les idées, il construit des synthèses ; il raisonne, avec sa raison particulière qui vient de la comparaison et du mesurage :

c'est la raison mathématique ou géométrique, ou encore d'analogie pour les sciences physiques et naturelles. Enfin il a sa sensibilité propre, il aime la clarté, il souffre de la confusion ; et en conséquence, il a aussi son instinct qui le rapproche ou l'éloigne des idées.

Le moi peut diriger la pensée, en dépit de la tendance instinctive de celle-ci ; de même qu'il peut obliger le corps, en dépit de sa tendance naturelle, soit à faire cesser un plaisir, soit à souffrir une douleur.

Le moi partage donc la sensibilité du corps et de l'esprit, mais il peut combattre leurs tendances.

Le moi a aussi sa sensibilité propre ; c'est le moi qui aime dans l'amour maternel, ou dans l'amour filial, et dans tout amour pur.

Le moi connaît par l'esprit la manière d'être de ses semblables, et c'est lui qui les juge ; même tout à fait désintéressé, il est sensible à la beauté morale, il l'admire ; il souffre du mal, il le condamne, d'abord chez les autres.

Il porte en lui, inconsciemment, un idéal, ou une manière d'être type. Il connaît cet idéal en voyant agir les autres hommes. Cet idéal, il proclame que c'est la règle ou plutôt le but, et il reconnaît que la loi le concerne lui-même. La haute raison, ou raison de l'âme, nous fait connaître cet idéal, que la raison de l'esprit « ne connaît pas »; c'est-à-dire que la raison de l'esprit, au service de la tendance de l'homme au bonheur, recherche d'abord la satisfaction des intérêts immédiats et présents, tels que la santé, le plaisir et la paix. Mais, comme l'a dit Vauvenargues, « les grandes pensées viennent du cœur. »

*
* *

Indépendamment des tendances propres du corps et de l'esprit, le moi tend à son bonheur propre, qui comprend l'honneur ou l'estime des autres; or, il se trouve placé entre ces tendances diverses et la notion du devoir.

C'est alors qu'intervient la plus haute opération humaine, le choix entre l'intérêt apparent et le bien, la volonté proprement dite.

Ici, le corps n'est plus qu'un ennemi, l'esprit

un critique égoïste et railleur ; le moi demeure seul, sans appui, et, dans son émotion, souvent sans vues : il décide, soit en donnant satisfaction à ses penchants ; soit contre eux, au prix de grandes souffrances, pour l'amour du bien.

On a voulu placer dans le cœur le siège de ces décisions qui peuvent être sublimes, et c'est une belle place, au centre de l'organisme et dans ce noble viscère qui ne cesse de travailler avec ardeur pour vivifier tout l'être.

Ce moi, c'est l'âme même, et en raison de ses rapports avec le cœur, on dit le cœur pour désigner l'âme.

Le moi est tout sensibilité, haute raison et volonté ; c'est une force qui, en principe, tend vers la beauté morale, ou au moins vers son diminutif, le bien ; mais ce dernier mot a dévié de son vrai sens, il s'est efféminé. C'est le moi qui contient le sentiment de l'honneur, le courage, la justice, la générosité, l'amour, la pitié, le dévouement.

L'on a dit avec esprit que l'homme est une intelligence contrariée par des organes. On dirait peut-être avec plus d'exactitude que l'homme est une âme contrariée par des organes, y compris l'organe intellectuel, et que cette âme est encore contrariée par elle-même. Car si l'âme tend vers la beauté morale, c'est surtout lorsque l'organisme est désintéressé dans la question. Mais, en fait, elle tend aussi au bonheur de tout l'être, corps, esprit et cœur; et cette dernière tendance, qui paraît opposée à la première, est non moins forte qu'elle. La tendance au bonheur engendre aisément l'imbécilité, la lâcheté, la malhonnêteté, la méchanceté. Cependant l'âme, même dépravée, se pare toujours du semblant des belles qualités, et Milton, dans le « Paradis perdu », montre les puissances infernales en faisant encore parade. On voit les voleurs et les bandits se piquer de loyauté entre eux, quelquefois même de courtoisie à l'égard de leurs victimes, de fidélité à leur cause. Cet hommage au bien prouve la tendance naturelle de l'âme. Souvent l'âme n'est dépravée que par certains côtés et elle conserve de belles qualités, notamment le courage; qualité maîtresse, comme le remarque La Rochefoucauld, et au moyen de laquelle l'âme peut tout reconquérir, en domptant le corps, en domptant l'esprit et en se domptant elle-même. Et c'est précisément ce qui arrive lorsque l'âme reconnaît que le bonheur est dans le bien.

Le bien est un acheminement à la beauté morale. Celle-ci peut être contraire au bonheur terrestre. Mais l'amour du beau l'emportant, les uns, même sans espoir de récompense, lui sacrifient le bonheur, et les autres, aidés par la vision d'une vie future supérieure, subissent avec joie la souffrance et la mort.

Le mal procure à ceux qui ont renié le bien dans leur cœur, des joies basses et quelquefois affreuses.

Telle est l'âme, unité de sensibilité et d'énergie supérieure, comme un atome matériel est une unité d'énergie mécanique.

Sans doute l'âme est intelligente au moyen du cerveau, comme elle est sensible corporellement au moyen des nerfs, mais son essence est surtout de sentir le beau et de tendre vers lui. Elle est susceptible de déchoir et d'aller vers le mal. Si on la suppose dégagée du corps, c'est un être dépourvu d'intelligence, et par conséquent de sensibilité consciente et de volonté proprement dite, mais qui conserve à l'état latent sa personnalité et ses tendances, toutes prêtes à se réveiller dans un organisme.

.˙.

On peut dire de l'homme qu'il est corps, esprit et âme. Le corps a sa sensibilité et ses tendances propres; on pourrait ajouter que les organes ont leur intelligence; et l'on a même avancé que chaque cellule, ou chaque globule sanguin, était un organisme entier qui a sa sensibilité, son intelligence et sa volonté. L'on explique ainsi l'accoutumance aux fièvres et aux remèdes toxiques, par le souvenir des cellules et la défense qu'elles font en conséquence. N'est-ce pas une chose merveilleuse que le fonctionnement de chacun de nos organes? Ne disons-nous pas de l'estomac qu'il est bien ou mal disposé pour tel ou tel aliment? Et son travail particulier, n'est-il pas fait pour nous frapper d'admiration? Quant aux globules sanguins, on voit, au microscope, les globules blancs se comporter comme des êtres vivants, poursuivre et détruire les microbes pathogènes qui se sont introduits dans la circulation.

Il n'y a rien d'exagéré à dire que le corps, ou chacune des parties de notre corps, est animé de sensibilité, d'intelligence et de volonté; mais ce n'est pas la sensibilité de l'âme, c'est une sensibilité propre à chaque partie, et qui se communique à l'âme par le système nerveux, quand elle se communique à l'âme; l'intelligence des diverses parties du corps n'a rien de commun avec l'entendement proprement dit; notre esprit ignorant complètement ce que font les divers organes de notre corps; enfin la tendance de chaque organe semble tout à fait distincte de la volonté proprement dite, mais c'est une espèce de volonté, et souvent très puissante, à ce point qu'elle entraîne la volonté de l'âme même.

Parmi les organes, l'organe intellectuel, le cerveau, a sa sensibilité propre, son intelligence, qui est l'intelligence proprement dite, et sa volonté, ou, si l'on veut, sa tendance, qui est bien distincte de la volonté proprement dite, mais qui est quelquefois assez forte pour entraîner la volonté de l'âme.

Enfin le moi central partage souvent la sensibilité du corps, jamais son intelligence, parfois sa volonté; il partage souvent la sensibilité de l'esprit, plus souvent encore son intelligence, et parfois sa volonté. Et au-dessus de tout cet ensemble, il a sa sensibilité propre ou sensibilité morale, la haute raison, et la volonté proprement dite, c'est-à-dire le choix entre toute autre tendance et sa tendance vers le beau.

On retrouve dans cette analyse les trois termes par lesquels on désigne les facultés de l'âme dans la philosophie classique : sensibilité, intelligence et volonté. Mais d'attribuer à l'âme exclusivement ces facultés, c'est tomber dans le vice de simplification a priori; chacune de ces facultés est triple et se rapporte à trois principes différents. Il est donc plus exact et plus compréhensible de dire que chacun des éléments de l'homme, corps, esprit et âme, possède sa sensibilité propre, son intelligence propre et sa volonté propre ; la sensibilité du corps étant la sensibilité proprement dite ; l'intelligence de l'esprit, l'intelligence proprement dite ; et la volonté de l'âme, la volonté proprement dite.

DE L'ENFANCE A LA VIEILLESSE

Dès l'enfance, l'âme se révèle plus ou moins courageuse, plus ou moins aimante.

Il y a nombre d'enfants méchants entre eux, et surtout cruels envers les animaux. Il faut dire que, dans cette cruauté, il entre beaucoup de curiosité, laquelle revient à l'esprit et disparaît bientôt. Quant à la méchanceté, elle vient d'un sentiment naturel de rivalité, de goût pour la domination, et de mépris pour les lâches; dispositions nécessaires pour le bien général. Cette méchanceté-là ne dure pas et tourne bientôt en émulation. La noirceur de l'âme est bien plus rare chez les enfants que la générosité des sentiments; mais la révolte ou la bassesse sont le résultat ordinaire de la dureté et de l'avarice à leur égard. D'autre part, une éducation trop molle rend les enfants ingrats; c'est une cruelle mais juste punition pour les parents, qui ont contrevenu à la loi divine, pour le malheur de l'enfant.

Les jeunes gens ont une notion assez vague du devoir; ils le croient contraire au bonheur et ils tendent assez à le considérer comme une mauvaise affaire en ce monde. Le devoir, c'est pour les autres; pour moi, je ne connais que mon plaisir. C'est-à-dire que l'enfant et le jeune homme donnent raison à leurs penchants contre les tendances de leur âme. Ils croient que l'habileté suffit à tout et qu'ils seront assez habiles. Ils connaissent pourtant la chance et on leur dit qu'elle est inconstante. Oui, pour vous ou pour les autres, non pour moi; et ils comptent fermement sur elle.

Faute d'une éducation convenable, ou peut-être quelquefois malgré cette éducation, l'âme peut se dépraver en arrivant à l'âge adulte. Elle refuse tout combat contre les passions et laisse l'esprit et le corps faire ce qu'il leur plaît. L'âme souffre de ce déchaînement, qui insulte à ses aspirations naturelles; c'est alors que, toute faible qu'elle est, toute impuissante qu'elle se croie, elle doit opposer son veto. Elle doit détester le mal qu'elle fait, ne jamais renier le bien. Ce simple acte, sans autre effort, la sauve de l'abîme. L'homme pourra continuer d'être fou, mais il ne deviendra pas infâme.

L'âge de vingt à vingt-cinq ans, à cause de la liberté nouvelle, de la fougue des passions et de l'inexpérience, est peut-être le plus dangereux de la vie; c'est pourquoi il convient très bien de le passer sous les drapeaux : la forte discipline de l'armée, la haute éducation morale qu'elle comporte nécessairement, et la fatigue physique contiennent l'esprit et le corps, et donnent de la force à l'âme. On a donc bien tort de se plaindre de ce que coûte la paix armée; l'élévation morale qui résulte du service militaire accroît la véritable grandeur de la nation, la valeur de son véritable trésor, qui est la population, et ce résultat est sans prix. D'ailleurs, la paix armée paraît, sous ce rapport, être préférable à la guerre. C'est donc un bienfait, amer sans doute, mais le plus réel de tous.

Vient ensuite la nécessité du travail professionnel, avec ses difficultés, les rivalités, la dépendance. Les difficultés exigent de l'application, les rivalités, encore de l'application, et la dépendance, toujours de l'application, et, en plus, de la modestie avec de la dignité.

Puis, la nécessité du mariage, avec les charges de la famille, qui demandent encore un succroît d'application au travail, en même temps que de la patience et de l'abnégation.

Enfin, la vieillesse est la destruction progressive du corps et souvent de l'esprit. Parfois celui-ci retombe en enfance, et l'âme dans le sommeil d'où elle était sortie pour se manifester au début de la vie. Mais, avant de disparaître, elle a dû renoncer à tous les plaisirs du monde, à des affections chères; elle se trouve seule en présence de l'inconnu qui est au-delà du tombeau. Cet inconnu lui inspire une frayeur naturelle, soit horreur de l'anéantissement du corps, ou crainte d'une vie inférieure. La souffrance physique, tout en rendant désirable la cessation de vie, ne fait pas disparaître ces terribles appréhensions. Quelle puissante excitation au courage et au regret du mal!

Toutes les vicissitudes de la vie agissent donc

sur l'être entier pour grandir son âme, entendue comme force morale et volonté.

L'intelligence est une faculté accidentelle de l'âme, comme la sensibilité physique.

On conçoit alors très bien l'immortalité de cette âme, inconsciente au début et à la fin de la vie, inconsciente après la mort, mais conservant néanmoins sa tendance en haut ou en bas.

LA CHUTE, L'EFFORT ET L'AIDE

L'âme humaine est condamnée à tomber. Elle est tenue de se relever, et une puissance supérieure, nommée Hasard, Providence, ou Justice immanente, l'y aide.

La loi de chute n'est pas à démontrer. Tous, sans exception, nous y sommes sujets. Les besoins et les passions en sont la cause. Donc, rien n'est si ridicule que la prétention à l'impeccabilité, et rien n'est si ridicule que l'orgueil. Dès que nous sommes condamnés à tomber, l'orgueil est évidemment ridicule. Autre chose est une noble fierté, qui se puise dans la conscience de la bonne volonté, et qui, d'ailleurs, n'exclut pas la modestie, ou au moins la simplicité.

La loi d'effort est aussi évidente. Notre intérêt nous y soumet d'abord. Et au-dessus de notre intérêt terrestre, une voix la répète sans cesse à notre âme. Nous la connaissons si bien, cette loi, que nous l'imposons à nos semblables, et que nous leur dictons leur devoir. De l'effort naît le mérite.

L'aide, dans la vie ordinaire, se nomme vulgairement la chance. Dans un ordre un peu plus relevé, c'est la fortune. Encore plus haut, c'est la grâce.

La loi de l'aide est contestée. De bons esprits pensent que le sort est le résultat de la conduite, c'est-à-dire de la prudence, de l'application, de l'habileté. Ce sont des esprits purement rationnels qui pensent ainsi, sans tenir compte de l'expérience. Le fait est que les événements ne dépendent de nous que pour une petite moitié, comme l'avouait Machiavel lui-même, qui avait fait sa science de l'habileté, et qui avait vu dans César Borgia l'homme le plus habile de son temps. Or, le duc de Valentinois avait tout prévu, si ce n'est qu'il pourrait être malade au moment de la mort du pape, son père ; et sa ruine s'en est suivie. Quant au secrétaire florentin, il a fini dans la mendicité et les dettes de cabaret. Napoléon disait : « On parle de hasard, il faut dire la politique ». Or, c'est sa politique qui a perdu ce grand homme. Balzac, le romancier, pensait de même pour la vie privée. Or, cet écrivain de génie serait mort à l'hôpital, si une grande dame polonaise ne lui avait apporté, en même temps que son cœur, une grande fortune. Cette dame résidait à mille lieues et l'avait aimé pour ses œuvres, sans l'avoir jamais vu. Mais laissons cette habileté qui s'entend en mauvaise part; on peut croire, et c'est notre sentiment, avec La Fontaine, que la part de mal qu'elle admet doit finalement tourner à sa confusion. Prenons l'habileté dans le meilleur sens du mot, c'est-à-dire un homme qui se borne à s'appliquer, en usant de prudence, un général, par exemple. Réussira-t-il? Cela dépendra des circonstances. Il peut être à la hauteur de son emploi, comme le comte de Fuentès, à Rocroi; mais s'il a devant lui un enfant de génie comme Condé, il sera vaincu. Condé lui-même, trompé par Mazarin, échoue devant Lérida. Non, la conduite n'est pas tout; il faut encore le secours de la Fortune, divinité ailée et fugitive.

On répète que la Fortune favorise les audacieux, et l'on atteste l'autorité de Virgile. Mais

Virgile a écrit *audentes*, et non *audaces*. *Audens*, c'est tout simplement l'homme courageux ; *audax*, c'est le téméraire, et si les audacieux peuvent, à la vérité, obtenir des succès, ils finissent toujours par être précipités, comme l'apôtre de l'audace, Danton.

Il est beaucoup plus vrai qu'un but bien circonscrit, et d'ailleurs légitime, paraît pouvoir toujours être atteint avec le temps, et parfois après de nombreux échecs. Un tel but est celui de Pierre le Grand entreprenant de battre Charles XII. Le besoin est un puissant moteur, et le temps est un grand maître.

Tum variæ venere artes : labor omnia vicit
Improbus, et duris urgens in rebus egestas.

Le temps est ce qu'il y a de plus habile. « Le temps et moi », disait Mazarin. Mais, pour contraindre la Fortune, il faut avoir des moyens suffisants et du temps, conditions qu'on ne peut toujours remplir, et voilà où la fortune se retrouve ; elle se retrouve encore selon qu'on réussit plus ou moins tardivement.

« Nous nous croyons bientôt les plus habiles quand nous sommes les plus heureux », a dit

Bossuet. Or, deux hommes extraordinaires, qui ont été successivement les premiers de Rome, n'ont pas donné dans ce travers. Le dictateur Sylla convenait qu'il avait été plus heureux qu'habile, et s'honorait d'être le favori de la Fortune. De même, le grand César rapportait ses succès à cette divinité.

*
* *

Mais l'idée abstraite que nous combattons est détruite par l'inégalité des conditions humaines. Quelles différences entre les hommes! Les uns naissent dans un bon milieu, ils sont sains de corps, bien élevés, instruits et établis; tandis que d'autres viennent au monde maladifs, ou sont mal élevés, et quelquefois dépourvus de tout métier. Les premiers sont mis dès le début dans une voie facile et bonne, les autres dans un chemin tout en fondrières.

D'où, chez les anciens Grecs, l'idée d'une destinée fatale et d'une grande injustice des choses. Mais, à ce sujet, la méditation mène à une conception qui concilie la pensée hellénique de la destinée avec la justice absolue, et qui donne en définitive raison à la théorie rationnelle, pour une série d'existences. Nous y reviendrons à propos de l'origine de l'âme.

Si, de la vie générale, nous passons à la vie intérieure, l'âme peut-elle vaincre les passions qu'elle juge mauvaises, par ses seuls efforts, par son seul mérite? Répondre affirmativement, c'est retomber dans l'erreur rationaliste, qui fait abstraction de la réalité des choses, ne s'inspire que du sentiment de la justice, et affirme ce qui lui paraît devoir être.

Prenons un exemple simple, et supposons chez un homme un goût immodéré pour la table, bien entendu pour les mets les plus délicats et les vins les plus fins. Voilà qui paraît anodin, mais qui peut, cependant, être avec raison jugé grave par le principal intéressé, car ce goût immodéré lui ôte un temps précieux pour le travail, vu l'importance des digestions, et même trouble plus ou moins ses idées à certains moments. Notre homme est fâché contre lui et veut se réformer. Nous supposons un homme d'une volonté moyenne. Réussira-t-il? Cela dépendra des circonstances. Est-il célibataire et prend-il ses repas au cercle? Il ne pourra rien au cercle. Il faudra qu'il le quitte et se renferme chez lui. Alors, il vivra seul? C'est beaucoup, c'est trop lui demander. Il retournera donc au cercle, et les choses continueront comme devant. Est-il marié, avec un train de maison, des dîners chez lui et dans le monde? On le fête comme beau convive, va-t-il jeûner? Mais ce serait un scandale. On lui fera tant de questions sur sa santé qu'il en sera excédé, d'autant qu'un effort contre soi-même est toujours accompagné d'une tension nerveuse. Conclusion : il ne pourra diminuer que très faiblement sa ration ; cette modération durera quelque temps, et le naturel reviendra au pas ordinaire. Est-ce un homme qui vit seul chez lui ou au restaurant? Il s'ennuie tant qu'il renonce à son régime. Une seule condition normale peut permettre à un homme d'opérer sur lui cette réforme, qui semble une des plus aisées : c'est la vie de famille assez retirée. Encore faut-il que la discorde ne le chasse pas de chez lui. A-t-il des enfants? L'exemple qu'il doit leur donner lui aidera beaucoup. A défaut de la vie de famille, c'est la maladie qui lui rendra facile une autre manière de vivre, quelquefois une grande secousse morale, un propos sévère qui lui reviendra, une injure, un grand chagrin, la ruine.

Objectera-t-on qu'un homme fortement trempé saura se dompter en toutes circonstances? C'est possible, nous l'accordons; mais alors, dans l'état violent où la lutte met son âme, son caractère s'altérera; l'homme le plus paisible, le plus enjoué, deviendra aigre, susceptible; il aura des querelles, des affaires, et tout le monde le déclarera insupportable. Par sagesse, il reviendra donc à l'intempérance, qui le calme, et profite, en définitive, à ses intérêts. Ceci est une vérité de fait qui a déjà été signalée.

.*.

Prenons maintenant une passion intellectuelle, comme l'astronomie, chez un homme qui est cependant tenu de donner tout son temps à la profession dont il vit; supposons un employé. Son travail se ressent de sa passion; il est distrait, il se trompe, il est en retard, il est réprimandé ; bref, il se rend compte que s'il ne renonce pas à son astronomie, il va perdre son gagne-pain. Mais c'est en vain qu'il essaie d'y renoncer, il y revient toujours, et il s'avoue enfin que toute sa volonté ne peut rien contre sa passion, qui l'obsède malgré toutes ses résolutions. Une seule condition normale débarrassera ce persécuté de son astronomie, ce sera l'amour, et la crainte de la gêne pour sa femme et ses enfants. A défaut de l'amour, ce sera la perte de son emploi ou une maladie.

Arrivons aux passions du cœur. Voici un homme qui aime une femme et qui ne peut l'épouser. Il se voit contraint de renoncer à elle; mais c'est en vain qu'il le veut tant qu'il demeure auprès d'elle ; il n'y réussira qu'en s'éloignant, ou en portant ses vœux ailleurs. Or, il n'est pas toujours possible de se déplacer ; il n'est pas toujours facile de changer d'amour.

Prenons maintenant deux passions qui agitent tout l'être à la fois, corps, esprit et cœur, à savoir la crainte et l'espoir. L'âme fait appel à tout son courage pour dominer une crainte ; mais le corps est tout troublé, de même l'esprit ; elle-même chancelle : l'appel est vain, l'effort n'aboutira qu'à une apparence de fermeté, l'impassibilité du visage et l'attitude résolue du corps. Mais au-dedans, le cœur bat à se rompre, l'esprit est vide et l'âme assez faible. Nous avons supposé un courage moyen et un péril imminent. L'âme se comporte-t-elle toujours ainsi ? Non, et elle arrive à se dominer complètement par l'exercice du courage et l'habitude du danger : c'est ainsi que se forment les soldats. En dehors de l'exercice et de l'habitude, une circonstance peut augmenter singulièrement la force de l'âme, c'est d'avoir à protéger un être faible, une femme ou un enfant.

Un espoir très vif nous transporte, et nous ne pouvons nous calmer, mais seulement conserver à grand'peine l'apparence de la tranquillité. Il faudrait une circonstance extraordinaire pour nous calmer, comme le symptôme d'une maladie mortelle.

Telle est la faiblesse de l'homme seul et la puissance des circonstances. Ce sont elles qui nous aident à réussir; il ne suffit pas que nous voulions. Sans doute, l'aide est parfois cruelle.

Elle ne l'est pas toujours. Souvent, le bonheur vient nous chercher, et il nous rend meilleurs, plus courageux et plus bienveillants; mais aussi il gâte certains, et c'est alors un présent de la colère divine. Parfois, le malheur nous guérit de nos mauvaises passions, et il exalte en nous tous les bons sentiments; c'est donc quelquefois pour nous le plus grand de tous les bienfaits.

*
* *

Comment concilier l'aide des circonstances avec l'idée de la justice dans les choses? C'est en admettant que nous rencontrons toujours les circonstances que nous méritons. L'idée est mystique, mais elle ne l'est pas plus que l'idée de la justice, qui s'impose à nous avec toute la force de la nécessité, et dont la première découle.

Parmi les circonstances, une des plus considérables est la bonne compagnie ou la mauvaise. Le bien et le mal sont contagieux.

Mais au-dessus de l'âme humaine, il y a d'autres âmes, il y a la Divinité.

Si une âme humaine a tant d'influence sur une autre, est-il extraordinaire que des âmes supérieures, que l'Ame divine puisse influer sur l'âme humaine et lui donner la force ou la lui ôter? Moïse dit aux juifs : « Marchez contre les ennemis, car Dieu vous les a donnés ». Il apparaît avec clarté dans la guerre que la force peut abandonner tout à coup l'âme des uns, et transporter celle des autres.

Les théologiens pensent donc que la Divinité et les âmes célestes interviennent pour nous donner la force.

C'est ce qu'ils nomment la grâce. Elle n'est pas contraire à l'idée de justice : il faut la mériter. Mais cette notion est pour inspirer de la modestie à l'homme : son mérite seul ne saurait suffire ; il faut que la Divinité lui vienne en aide.

Cette notion est complètement justifiée par tout ce que nous sommes à portée d'observer, soit dans la vie extérieure, soit dans la vie intérieure, et elle concilie la vérité d'expérience avec l'opinion rationaliste, en reconnaissant à la fois la nécessité de l'aide et la nécessité de la justice.

C'est l'opinion de très grands hommes, comme

on l'a vu. C'est d'ailleurs une idée dont nous sommes tous imbus ; les rois s'intitulent par la grâce de Dieu ; ils disent : nous ferons ceci, Dieu aidant. Et l'on dit sans y penser, même les athées : Mon Dieu ! au sens de l'invocation.

Cette idée est très saine à l'âme qui est toujours prête à se gonfler d'orgueil; elle dégonfle, ou plutôt empêche toute enflure. Dès que nous ne pouvons rien par nous seuls, et que nous attribuons à la Divinité la grâce de nos succès, nous ne pouvons demeurer longtemps dans la sottise de la superbe.

Telle est la loi de l'aide.

Nous avons parlé des âmes extra-terrestres et de la Divinité, comme si nous avions établi leur existence; ce que nous tenterons plus loin.

LES DEUX VOIX INTÉRIEURES

Nous avons vu l'âme servir les penchants du corps ou lutter contre eux, servir les penchants de l'esprit ou lutter contre eux, servir ses propres penchants ou lutter contre eux.

Quand elle lutte contre une passion du corps, il ne s'élève qu'une voix, celle de l'âme, qui prohibe et parfois invective; ou bien, que cédant à la passion, prend le parti du corps, et se répond à elle-même.

Quand l'âme lutte contre une passion de l'esprit, il ne s'élève qu'une voix, celle de l'âme, qui dit à son esprit, entiché de rêveries ou d'inventions : « Occupe-toi de tes affaires, cela ne te mène à rien qu'à ta perte. » Ou bien, l'âme, persuadée par l'esprit, joint sa volonté à la tendance de celui-ci.

Quand l'âme lutte contre une de ses propres passions, comme l'amour ou la haine, il ne s'élève encore qu'une voix, et c'est la même qui fait les injonctions et les réponses : « Il faut marier ta fille. — Je ne puis me séparer d'elle. » Ou bien : « Il faut te réconcilier avec ton ennemi. — Je ne puis le prendre sur moi. »

Donc, dans ces trois cas, une seule voix se fait entendre, et c'est bien celle de l'âme.

Mais voici un homme qui va le long d'une rivière. Il entend un appel au secours, c'est quelqu'un qui se noie. Il sait nager à peu près, mais il ne s'est pas encore essayé dans le rôle de sauveteur, et il doute de ses moyens. D'ailleurs, le temps est froid, et il craint une fluxion de poitrine. Donc, après un court arrêt, il va reprendre son chemin. Son bon sens lui dit qu'il se doit d'abord aux siens, et que c'est une pure folie de s'exposer à périr pour sauver un imbécile, et en tout cas un étranger à qui il ne doit rien.

Mais l'appel se renouvelle plus pressant, et alors une voix intérieure, bien distincte, lui crie : « Un tel, tu es un lâche! » Sur quoi l'homme revient en toute hâte, défait son habit et se jette à l'eau.

Ce fait particulier a été raconté par un officier : il a été publié, et il est bien connu.

D'ailleurs, nous avons probablement tous entendu cette voix, pendant qu'il se livrait un combat en nous pour une bonne action.

Est-ce l'âme qui a parlé, dans ce cas? On n'a pas cette impression, mais bien l'impression d'une voix étrangère. « Mais pourquoi compliquer le sujet? L'âme ne peut-elle parler dans le même sens? »

A la vérité, elle le peut. — « Alors, pourquoi admettre une voix étrangère? » Parce que si la chose est vraie, elle nous intéresse, et qu'elle a du rapport avec ce qui précède, et avec ce qui suit.

D'abord, est-ce vrai? Nous avons un grand témoignage à produire.

Socrate disait qu'il était empêché de faire des sottises par un démon familier. Démon en grec signifie un esprit et non nécessairement un esprit mauvais. Objectera-t-on que Socrate parlait par métaphore, et qu'au fond il ne croyait pas à une voix étrangère? Socrate disait formellement que c'était une voix étrangère, et, comme son démon était très bon, il le considérait comme la voix même de la Divinité.

Il nous semble que ce témoignage est irrécusable pour la possibilité du fait. Accordons que le fait se produit rarement chez le commun des hommes : en général, c'est l'âme qui se fait entendre. Mais cette voix étrangère intervient parfois quand l'âme est trop faible contre l'instinct de conservation, et il semble alors que la force suive, comme dans l'histoire de sauvetage rapportée plus haut.

* *
*

D'autre part, les criminels disent qu'une voix les a obsédés pour les pousser au mal et qu'ils lui ont résisté longtemps.

M. Cochefert, chef de la police de sûreté à Paris, reçut un jour la visite d'un jeune homme, de tenue très correcte, qui lui fit l'étrange récit suivant :

« Je me nomme Louis Schickley; j'ai vingt-deux ans et suis étudiant en lettres. Poursuivi depuis deux ans par le remords, je vais vous avouer un crime épouvantable, dont je suis l'auteur, mais que j'ai accompli poussé par une force inconnue, une obsession à laquelle je n'ai pu résister. En 1892, j'étais chez mon père, pharmacien à Tricourt, en Lorraine, et je poursuivais là mes études de chimie. En étudiant les propriétés de l'oxyde de carbone, je voulus me rendre compte de la marche de l'asphyxie produite par ce gaz délétère et faire une expérience *in anima... nobili*. Ma sœur, âgée de dix-neuf ans, me sembla un sujet propre à mes essais. En vain j'essayai de chasser cette idée loin de moi, elle revint de jour en jour plus obsédante. Je fis venir de Paris, sous un faux nom, des quantités suffisantes d'acide oxalique et d'acide sulfurique. J'imaginais un appareil, dont le tube de dégagement, passant par une cloison, déversait dans la chambre de ma sœur les vapeurs mortelles de l'oxyde de carbone.

« Je commençai mon expérience, une nuit, pendant que ma sœur dormait profondément. Je suivis avec une attention infinie les progrès de l'asphyxie. Je vis la pauvre fille se soulever sur sa couche, essayer d'en descendre, mais retomber impuissante, déjà terrassée par le gaz irrespirable.

« J'assistai à sa lente agonie, froidement, sans qu'il me vînt à l'idée de lui porter secours. Quand je la vis inerte, je pénétrai dans sa chambre, ouvris toutes les issues, puis me renfermai chez moi. Le lendemain, on constata le décès, que les médecins attribuèrent à une maladie nerveuse.

« Je partis peu après, appelé au service militaire. La vie active du régiment m'empêcha de penser. Mais maintenant que j'ai repris mes études à Paris, les remords me sont revenus. Mon crime m'épouvante, et, chose horrible, je me sens encore des envies de tuer. J'ai consulté des médecins spécialistes : ils m'ont éconduit sans avoir voulu m'entendre. Je vous en prie, monsieur, faites-moi garder à vue. Envoyez-moi dans une maison de fous, jetez-moi en prison, mais ne me laissez pas ma liberté; je ferais quelque malheur. »

Ce cas n'a aucun rapport avec la démence ni avec le crime ordinaire, et il ne s'explique que si l'on ajoute foi à la déclaration de celui qui se livre ainsi spontanément : il a été « poussé par une force inconnue. »

Donc, en dehors de ses deux tendances, l'âme serait en rapport avec un esprit du bien et un esprit du mal, qui interviennent pour l'inciter.

C'est l'idée antique. Ménélas et les Grecs ne reprochaient rien à Hélène : ils savaient bien que Vénus l'avait fait agir malgré elle. Mais nous sommes moins fatalistes aujourd'hui ; et nous admettons que l'âme assiégée peut et doit résister au mal, avec l'aide divine.

HIÉRARCHIE DES AMES

On distingue dans l'âme sa force et sa direction.

Dès que deux hommes sont en présence, la force relative de leurs âmes se révèle, et bientôt la plus forte domine la plus faible.

En général, l'âme des parents commande celle des enfants; mais on voit des parents étonnés devant la force d'âme d'un enfant. Il faut dire que souvent la faiblesse des parents vient de leur amour et de leur bonté, et que la force d'âme de l'enfant n'a pas d'autre origine que cet amour et cette bonté; il lui arrive d'en abuser contre eux, et, s'il est ingrat ou méchant, de les rendre très malheureux. La force relative de l'âme peut donc exister sans force réelle.

La force réelle de l'âme se manifeste par le courage contre un vrai danger.

La force relative peut venir de la position sociale, et c'est ainsi qu'on voit de braves gens frémir devant un fonctionnaire ou un homme de loi. Elle vient très souvent de la fortune.

Mais prenons deux hommes n'ayant aucun lien de parenté ou d'affaires, et cependant vivant l'un près de l'autre, comme des soldats, ou des employés. Supposons toutes choses à peu près égales entre eux sous le rapport de la force physique et de l'intelligence. Ils ne dépendent pas l'un de l'autre. La force réelle de l'âme de chacun va se montrer dès qu'ils seront en contact, et l'âme plus forte dominera la plus faible. Peu importe que la plus forte ait une direction bonne ou mauvaise. Supposons les deux soldats à la guerre et détachés ensemble en garde avancée. Il y a péril réel ou imaginaire. L'âme plus forte commandera naturellement la plus faible. Il y aura naturellement un supérieur et un inférieur. Celui-ci se tiendra aussi près que possible du premier, il lira dans ses yeux, il lui obéira en tout. De même entre deux employés. L'âme la plus faible imitera naturellement la plus forte, suivra ses conseils, supportera ses rebuffades. Si l'âme la plus forte a une direction mauvaise, elle entraînera facilement la plus faible; de même si sa tendance est bonne.

L'âme plus faible peut cependant essayer de secouer le joug, soit par orgueil, soit par aversion pour le mal. Dans le premier cas, sa révolte n'aura de chance de succès que si la tendance de l'âme plus forte est bonne; toutefois ce succès sera surtout intérieur, il consistera dans la haine et se traduira par des actes tendant à nuire, mais voilés d'hypocrisie; par exemple, le soldat glissera dans le sac de son compagnon un objet volé, l'employé brûlera une pièce importante confiée à son collègue; puis il fera l'innocent, et l'orgueil fera tomber le faible révolté dans la pire bassesse. Que si le plus fort est méchant, la crainte paralysera l'orgueil du plus faible.

Si la révolte du plus faible vient du blâme que lui inspirent les sentiments, les actes du plus fort, le plus faible se trouve dans une bonne position, et il peut venir à bout du plus fort, soutenu qu'il est par l'aversion du mal, et il faut ajouter par l'appui qu'il trouvera chez les autres contre le plus fort. Ainsi les deux soldats vont en marande, et le plus faible n'y est pas le moins ardent, jusqu'au jour où son compagnon commet un acte criminel, comme de mettre le feu à la maison d'un paysan qui l'a fait punir. Cette action révolte le plus faible, et, après un combat en lui-même, vu la dépendance morale où il se trouve envers le plus fort, il refuse dès lors de l'accompagner et il lui rompt en visière; mais l'ancienne influence peut être encore assez forte pour qu'il ne le dénonce pas, sauf le cas de menaces de l'autre, ou d'inculpation pour lui-même.

Une tendance bonne dans une âme faible peut donc la sauver de la dépendance d'une âme forte à tendance mauvaise; si bien que cette âme faible ne peut être dominée d'une manière durable que par une âme bonne. Les choses ne sont donc pas si mal arrangées en ce monde.

∴

La domination des âmes fortes est une récompense du courage.

Cet ascendant se rencontre dans des situations qui sembleraient devoir le rendre impossible, à cause de la force relative. C'est ainsi qu'une femme intelligente et riche peut être dominée par une servante assez bornée, mais d'un cœur très solide. On ne pouvait comprendre que Léonora Galigaï eût pris un tel empire sur la reine Marie de Médicis, et dans son procès on lui demandait par quel sortilège : « Par l'ascendant naturel, répondit-elle, d'une âme forte sur une âme faible. » Rien de plus comique que la situation du ministre Godoï entre la reine d'Espagne et le roi Charles IV. Il était, dit-on, l'amant de la reine, qui ne pouvait se passer de lui ; mais le roi ne pouvait souffrir davantage qu'il s'absentât le moindrement. Ce Godoï était un pauvre ministre, mais c'était une âme très forte, comme on l'a vu lors de sa chute, tandis que le roi et la reine étaient des âmes très faibles, comme on le vit également quand Napoléon les contraignit à abdiquer. Le général Augereau était un brave soldat, mais assez grossier, et quand il fut convoqué avec ses collègues par Bonaparte qui venait d'être nommé, à 27 ans, général en chef de l'armée d'Italie, il était disposé à tenir tête assez rudement au chétif protégé de Barras. Mais après l'entretien : « Sapristi, s'écria-t-il, ce petit homme m'a fait peur! » Et depuis il reconnut sa supériorité, jusqu'au jour où il le trahit. Telle est la puissance immédiate d'une âme vraiment forte. Louis XIV avait l'esprit juste, mais il ne paraît pas l'avoir eu bien profond, puisqu'après ses grands ministres, il n'a rien fait de bon par lui-même; cependant c'était une âme très forte, qui dominait tout ce qui l'entourait. Sans doute, il y avait là une force relative extraordinaire; mais cette force relative, tous nos rois l'ont eue, sans exercer la même domination que Louis XIV. L'âme de madame de Maintenon était encore plus forte que celle du grand roi. Il faut y regarder à deux fois avant de traiter légèrement cette étrange personne.

Donc, les âmes fortes commandent les autres, et entre plusieurs individus réunis il s'établit promptement une hiérarchie naturelle : il y a un premier, un second, un troisième, etc. Et le seul moyen pour les âmes faibles de s'affermir et de s'élever dans la hiérarchie, c'est de tendre vers le bien, qui est d'abord le courage; le courage de voir, le courage de faire.

D'ailleurs, les âmes les plus fortes, qui deviennent nécessairement les chefs, sont obligées d'accorder des situations supérieures à tous ceux qui peuvent leur rendre service par l'intelligence et les autres qualités.

La nécessité de la hiérarchie naturelle brise les cadres, qui deviennent incompatibles avec elle; c'est ainsi que l'ancien régime a été détruit par les hommes de la Révolution.

Il y a des forces relatives qui ne sont pas soutenues par la force réelle : ces forces relatives ne durent pas; toujours la force réelle tend à prendre sa véritable place; c'est une lutte constante qui empêche la hiérarchie d'être trop faussée; car elle l'est nécessairement toujours plus ou moins, et c'est ce qui contribue à exciter l'activité humaine, les uns voulant monter, et les autres défendant la place.

FACULTÉS EXCEPTIONNELLES

Voici un fait récemment admis par la science : une personne spécialement douée provoque, chez un sujet à ce disposé, le sommeil magnétique, et, pendant ce sommeil, lui commande de faire telle chose à son réveil. A son réveil, le sujet obéit.

Malheureusement, jusqu'ici toutes les expériences ne comportent que des ordres de crimes ou de forts délits, tels que le meurtre et le vol, comme si la suggestion ne pouvait s'exercer que dans une direction mauvaise : il est certain, en tous cas, que les magnétiseurs ne brillent ni par la variété, ni par la décence des idées.

Peut-être est-ce une des raisons pour lesquelles on les a soupçonnés longtemps de fraude, ainsi que leurs sujets; cette défiance ne laisse pas d'être assez justifiée, mais il paraît qu'il faut se rendre dans une certaine mesure.

Donc, à son réveil, le sujet obéit. On sait qu'il agit alors automatiquement, bien qu'éveillé, et avec une entière décision, comme s'il exécutait sa propre volonté avec une grande fermeté.

Telle est la puissance de certaines âmes sur d'autres.

Ajoutons que ces expériences sont dangereuses pour le patient, comme celles dont il va être question. Elles font une impression funeste sur le système nerveux et la mort peut s'ensuivre, comme on en a des exemples.

*
* *

Des voyageurs, et surtout des Anglais ayant résidé dans l'Inde, affirment que des ascètes de ce pays possèdent sur la matière, sur la végétation et sur leur propre vie, une puissance surnaturelle.

A beau mentir qui vient de loin, mais les témoignages sont multiples et difficiles à récuser. Les témoins sont-ils dupes d'habiles prestidigitateurs, comme ceux qui, chez nous, confondent nos yeux et notre esprit? Les faits qu'ils rapportent ne semblent pas compatibles avec la prestidigitation.

Ainsi les yoghis de l'Inde s'élèvent au-dessus de terre en dépit de la loi de pesanteur, et ils demeurent en l'air sans rien qui les soutienne. Ils n'exécutent pas ce tour sur une scène machinée, mais en plein champ. Ils demeurent ainsi soulevés durant un temps relativement long, et à leur volonté.

Un voyageur, qui était accompagné d'un yoghi, s'aperçoit qu'ils n'ont rien à manger, et ils sont encore loin de toute habitation. Mais le yoghi tire quelques graines de son sac et les sème ; puis il exerce sur elles son pouvoir particulier. Les graines germent, les tiges sortent de terre, et, quelques instants après, les plantes donnent leur fruit. Bientôt les deux amis partagent un repas frugal mais excellent.

Devant plusieurs spectateurs, les yoghis font de même pousser des plantes d'agrément avec une simple graine, et cela en pleine terre et en plein air.

Les yoghis s'habituent à suspendre leur respiration, ils s'accoutument à des jeûnes prolongés, et ils en arrivent à se faire enterrer pour un temps plus ou moins long. On les met au cercueil, on les descend au caveau, on mure le caveau, on foule la terre dessus ; puis on sème du blé ou de l'orge. Sur la tombe on place un factionnaire, et tout le monde peut surveiller. Six mois après, on récolte le grain, on creuse la terre, on démure le caveau, on tire le cercueil, on l'ouvre : le yoghi s'y trouve. Les serviteurs le retirent, le lavent, le chauffent, lui insufflent de l'air, et une heure après le yoghi est à table.

Ces faits paraissent avérés. Ils attestent la puissance que l'âme peut acquérir sur la matière et sur la vie.

.

La seconde vue consisterait à voir des choses réelles qui existent ou qui arrivent dans des lieux éloignés. Selon ceux qui y croient, elle s'exerce inopinément. C'est dans le nord, surtout en Écosse, que la croyance à la seconde vue est le plus répandue.

L'historien romain Tite-Live raconte que, le jour de la bataille de Pharsale, entre l'armée légale de la République, commandée par le grand Pompée, et les troupes insurrectionnelles de Jules César, le célèbre devin Caïus Cornélius était assis à contempler le vol des oiseaux. Il connut l'instant de la bataille, et dit à ceux qui étaient présents que l'affaire allait se terminer et que les deux généraux engageaient le combat. Il se remit à ses observations, et, après avoir examiné les signes, il se leva avec enthousiasme et s'écria : « Tu triomphes, César ! » Comme il vit tous les assistants étonnés de cette prophétie, il déposa la couronne qu'il avait sur la tête et jura qu'il ne la remettrait que lorsque l'événement aurait justifié sa prédiction.

Ceci n'est peut-être pas un cas de seconde vue proprement dite, ni de vue à distance, mais s'en rapproche assez pour que nous le rapportions; ce que nous ne ferions pas si Tite-Live n'ajoutait qu'il était le compatriote et l'ami du devin, et que la déclaration eut plusieurs témoins.

Cette prédication est moins étonnante pour avoir affirmé la victoire de César, que pour avoir indiqué l'instant précis de la bataille.

On raconte qu'au moment où Domitien périt à Rome, le philosophe Apollonius de Tyane, qui était alors à Éphèse, où il faisait une leçon publique, s'arrêta tout à coup et, s'adressant au meurtrier, il s'écria : « Courage, Stéphanos, tue le tyran ! »

∗ ∗ ∗

Voici un fait de vue magnétique :

La marquise douairière de Créqui raconte qu'étant détenue en 1793 avec madame de Beauharnais, celle-ci était inquiète sur le sort de son mari. Cagliostro, ou un autre magnétiseur, qui se trouvait avec elles, offrit à madame de Beauharnais de tenter l'expérience de la vue magnétique par un enfant. Justement la concierge de la prison avait une petite jeune fille. Madame de Créqui étant présente, l'enfant vit, dans un cachot, un gentilhomme qu'elle décrivit : c'était bien M. de Beauharnais. Elle vit que des individus entraient dans le cachot et emmenaient le prisonnier. Peu de temps après, madame de Beauharnais apprit que son mari avait été extrait de sa prison, pour être conduit au supplice, à l'heure même où l'enfant avait vu.

La marquise de Créqui était une grande dame d'une haute probité, et il est difficile d'admettre qu'elle rapporte sciemment un fait mensonger, un fait auquel elle dit avoir assisté.

Il est d'ailleurs établi par des expériences entourées des plus fortes garanties, que, dans le sommeil magnétique, certains sujets peuvent voir ce qui se passe à distance, lire une lettre fermée, décrire une maladie, en indiquer le remède.

COMMUNICATION DIRECTE DES AMES

En dehors de toute dépendance entre deux êtres se rencontrant pour la première fois, et ne devant pas vivre ensemble, l'âme de chacun communique avec celle de l'autre par l'intermédiaire d'un seul regard échangé. Par ce regard, l'âme de chacun connaît tout de suite la force de l'âme de l'autre et même sa direction; connaît, ou, du moins, croit connaître, car il y a des erreurs, mais ces erreurs sont surtout commises par ceux qui veulent tromper; tout à leur ruse, ils ne voient pas; la candeur discerne mieux. Celui qui regarde sans malice a toute chance de bien voir et de bien sentir, encore que certains voilent leur regard ou dissimulent; mais ceci même se voit, se sent et déplaît.

Le premier jugement porté avec sincérité est, paraît-il, toujours le bon; en ce sens que si une personne vous inspire de l'aversion, et que, pour ménager vos intérêts, vous surmontiez ce sentiment, vous l'oublierez complètement et vous pourrez même vous lier d'amitié avec cette personne, mais vous aurez à vous en repentir un jour. Cette opinion est courante entre gens qui observent, et elle se vérifie par l'expérience de chacun. Il ne s'agit pas ici de la laideur du visage, ni du ridicule de la tournure ou des manières, qui peuvent recouvrir une âme admirable, mais de l'impression produite par le croisement du premier regard. La nature nous met ainsi en garde contre les êtres bas.

En dehors de toute dépendance, il y a encore communication dès qu'un voisinage s'établit. Si vous êtes seul dans une pièce, votre âme n'est pas dans le même état que si vous vous y trouvez avec une autre personne, même sans la regarder. Vous éprouvez alors, si cette personne vous est inconnue, un sentiment de gêne qui se traduit selon votre caractère : il y a des gens qui font des hum ! qui toussent, qui crachent, qui se mouchent, qui regardent à la dérobée, souvent avec un air de hauteur ou de malice. Mais supposons quelqu'un de bien : il domine sa gêne et la réduit au minimum, mais ne la fait pas complètement disparaître : elle se traduit chez lui par un redoublement de bonne tenue.

Cette gêne est quelquefois désagréable ; elle ne l'est pas toujours. Si vous respirez dès qu'un rustre a quitté la place, vous soupirez si c'est une belle jeune fille. Après le départ du premier, vous éprouvez un sentiment de délivrance ; après le départ de la seconde, un sentiment d'abandon.

Si vous êtes regardé, même derrière vous, vous le sentez, et vous vous retournez.

En dehors de toute dépendance, si vous connaissez bien une personne, votre âme lit directement dans la sienne quels sentiments elle a pour vous, sans avoir besoin de la regarder.

Entre personnes vivant ensemble, il y a un échange inconscient et incessant d'impressions, même sans paroles. Si une âme a des penchants au bien ou au mal, elle agit sur l'autre dans son sens ; c'est comme un bon ou un mauvais air qu'on respire ; le bien ou le mal s'insinue en vous. Il est reconnu que la compagnie d'un être bas tend à vous abaisser, celle d'un être noble à vous élever. Un équilibre semblable à celui de la chaleur tend à s'établir entre personnes vivant ensemble.

Donc, là où il n'y a pas dépendance, il y a au moins solidarité. On dit : qui se ressemblent s'assemblent; on peut dire aussi : qui s'assemblent bientôt se ressemblent.

Quand vous vivez en bons termes avec un être noble, il s'établit entre vous une harmonie qui vous dilate, et, même sans parler, vous êtes heureux d'être ensemble. Quand vous vivez en mauvais termes avec quelqu'un que vous aimez, son hostilité vous point au cœur et vous ôte même l'appétit.

Entre deux êtres qui s'aiment, l'absence est le plus grand des maux; elle décolore la vie et tous les agréments de la fortune.

.·.

Un lien peut se former entre deux âmes assez puissant pour produire des effets même après la mort.

Le poète anglais Shelley, après la mort d'un ami très cher, éprouvait une affliction qui tournait au désespoir, lorsqu'un jour il sentit son ami près de lui. Aucune apparition, mais le sentiment très net de la présence de son ami. Point de paroles, mais l'entente muette et souriante d'autrefois. Et du coup Shelley reprit courage, car il avait réellement retrouvé son ami.

Nous relevons les lignes suivantes écrites par M. Gaston Deschamps au sujet d'un recueil de vers de M. André Foulon de Vaulx : « Ce jeune homme est triste : il a vu partir trop tôt celle dont il aimait la grâce, dont il aurait voulu associer le rêve à son rêve ; les lèvres sont closes où fleurissait un divin sourire ; éteints, les yeux profonds où il lisait sa destinée ; morte, la voix dont la musique douce endormait sa peine. Il se croit seul, il pleure. Et puis, quelle soudaine extase ! Elle est là, aussi jeune et aussi vermeille qu'au premier jour, idéale et réelle, surnaturelle et vivante ; elle le regarde et l'environne de clarté ; elle lui parle, et la voix fidèle répondra toujours à l'appel du cœur meurtri. L'amour a vaincu la mort. »

M. Gaston Deschamps attribue ce sentiment de la présence d'une morte à la simple évocation imaginative ; mais il y a une très grande différence entre le sentiment de la présence réelle d'une personne et l'évocation de son image par l'esprit. De plus, cette présence, comme il l'exprime très bien, se produit à l'improviste et nullement à volonté. On ne peut évoquer à volonté l'âme d'un mort ; mais le regret semble l'évoquer, et elle vient spontanément et soudainement, alors qu'elle n'est nullement attendue, surprenant le vivant du sentiment de sa présence.

Voici un fait qui est connu de tout le monde et qui est banal depuis l'antiquité.

Si vous négligez la mémoire d'une personne qui vous a aimé, son image vient obséder votre esprit ; vous la voyez malheureuse, plaintive, et vous reprochant votre oubli. Cette obsession ne fait qu'augmenter, troublant même votre sommeil, jusqu'à ce que vous ayez reporté volontairement votre pensée vers le défunt, surtout que vous ayez été prier sur sa tombe. Aussitôt l'image funeste disparaît.

Nous avons vu aux assises un criminel qui était

poursuivi par les reproches de sa victime; il l'apaisait en lui promettant de se corriger, et il pouvait alors trouver un peu de repos.

Cette communication des âmes n'a aucun rapport avec le spiritisme, doctrine d'après laquelle les âmes des morts peuvent être évoquées et interrogées. Nous ne connaissons pas une seule expérience sérieuse de cette doctrine. Les âmes des plus grands hommes répondent des niaiseries ou font tourner des tables. Maintes fois de prétendus médiums ont été pris en fraude. C'est une doctrine déshonorée. Si elle contient quelque chose de vrai, nous pensons que des esprits très inférieurs peuvent seuls être assez bêtes pour parler et agir comme font les esprits évoqués par les médiums.

Mais la vérité de certaines apparitions non évoquées, spontanées, paraît incontestable.

Une société anglaise a réuni des témoignages honorables sur des apparitions de personnes vivantes, qui se trouvent certainement dans des lieux éloignés. Il y a enfin les apparitions au moment de la mort, qui se produisent par exemple de la manière suivante.

Deux personnes, unies d'affection, étant séparées par une distance quelquefois énorme, l'une d'elles se réveille au milieu de la nuit et, au pied de son lit, voit distinctement son ami, son frère. L'ombre demeure un instant, regardant le vivant, puis elle disparaît pour ne pas revenir.

Aucune parole échangée. Emu par cette apparition, l'on écrit aux antipodes et, un jour, l'on apprend que l'on a perdu son ami ou son frère; en rapprochant les dates et les heures, on constate qu'il vous est apparu au moment même de sa mort.

LA MORT

Tout ce qui précède, depuis la réfutation de la génération spontanée jusqu'à la présence et à l'apparition des morts, confirme l'argument tiré du moi pour prouver que l'homme possède une âme distincte de la matière.

L'observation intime voit avec évidence que cette âme, ce moi, est un centre unique. C'est une unité, bien qu'elle soit tiraillée en divers sens par les passions du corps et de l'esprit, et par ses propres penchants : l'amour, la haine, la tendance au bonheur et la tendance au bien. Une âme composée n'aurait pas le moi, comme une assemblée, un peuple n'ont pas de moi, ou plutôt ils en ont plusieurs, desquels chacun sait très bien qu'il n'est qu'un membre du tout.

L'âme est simple, elle n'est pas seule; elle est avec l'organisme, qu'elle distingue très bien d'elle; et l'organisme, avec le cerveau, comprend même l'intelligence.

Est-ce l'âme qui anime tous les organes et opère leurs fonctions? Nous ne le pensons pas. L'organisme est-il un mouvement d'horlogerie fabriqué dans les organismes générateurs et auquel l'âme serait ajoutée comme un ressort? Nous acceptons cette hypothèse, parce qu'elle ne fait pas obstacle à l'existence de l'âme, et qu'en conséquence nous n'avons pas d'intérêt à la combattre. Mais voici à ce sujet le fond de notre pensée. Les principes de vie immatériels de tout ordre, depuis celui du plus petit végétal, sont répandus à profusion dans la nature; et notre organisme est composé, non seulement de matière, mais d'une quantité de principes de vie, d'âmes végétales ou animales, qui vivent de leur vie propre; les unes animant de simples cellules ou des globules sanguins, des ganglions nerveux; d'autres, de grands organes comme l'estomac et même le cerveau. Ces âmes inférieures formeraient une hiérarchie au sommet de laquelle se trouverait l'âme supérieure, le moi, l'être personnel, qui serait le grand moteur, et pourrait intervenir par la volonté pour remettre l'ordre dans l'organisme : on sait combien il importe qu'un malade veuille vivre.

Cette manière de voir expliquerait que la vie se retire peu à peu du corps, qu'après la mort les cheveux continuent de pousser, les muscles de se raidir, et, par conséquent aussi, les nerfs d'agir. Il est même possible que le cerveau continue pendant un certain temps de travailler, mais le moi n'est plus là pour en être informé.

Le moi, notre âme, paraît avoir pendant la vie sa place fixée dans la moelle allongée, qui est la partie de la moelle épinière contenue dans la cavité crânienne, à l'endroit nommé le nœud vital. La destruction de cette partie très limitée de la moelle épinière entraîne la mort instantanée.

C'est l'âme supérieure, le moi, qui donne la vitalité générale à tout l'organisme. Dès qu'il cesse de l'animer, les moteurs secondaires et inférieurs cessent bientôt successivement leurs fonctions.

Lucrèce considérait l'âme comme formée d'atomes subtils, analogues à ceux de la matière et répandus dans tout le corps. Sa pensée ne serait donc pas différente de la précédente, si ce n'est que pour lui l'âme est une république, tandis que nous la voyons, avec Leibniz, au sommet d'une hiérarchie. Lucrèce n'envisage pas le moi. D'ailleurs son explication est subordonnée à l'intention arrêtée de prouver que l'âme est mortelle. Il part d'une idée préconçue. Disciple d'Épicure, il a annoncé qu'il voulait délivrer l'homme de la crainte d'une vie future et de la crainte des dieux.

L'on doit, au contraire, être entièrement libre d'esprit. Nous ne tenons pas à ce que l'âme survive; mais si elle survit, nous tenons à le savoir. Or, l'analyse de la question nous conduit à la conviction de l'existence d'une âme simple et survivante. Et la possibilité de cette survivance est si importante que nous disons : s'il reste un doute, nous devons l'écarter, attendu qu'il n'y a aucun inconvénient à croire à la survivance de l'âme, mais seulement des avantages et de très grands; tandis que le choix de la croyance à l'âme mortelle n'offre que des dangers pendant la vie et après la mort.

Les atomes subtils dont Lucrèce forme l'âme, il n'admet pas leur anéantissement après la mort : ces atomes survivent comme les atomes du corps, mais ils se dispersent comme eux; et en conséquence, de même que le corps cesse d'exister, bien que ses éléments subsistent, de même, l'âme cesse d'exister, bien que ses éléments subsistent. La survivance des atomes est conforme à la science moderne, d'après laquelle *rien ne se crée, rien ne se perd*, dans l'ordre de choses que nous voyons; sans préjudice d'une puissance supérieure qui pourrait intervenir pour créer ou pour anéantir.

Si donc parmi les atomes subtils dont Lucrèce compose l'âme il avait distingué le moi, il aurait reconnu la survivance de l'être personnel.

.*.

Le moi, l'être personnel, l'âme survit donc à la mort. Mais dans quel état? Elle n'a plus la sensibilité que lui communiquait le corps, elle n'a plus l'intelligence que lui communiquait le cerveau. Mais elle conserve inconsciemment sa sensibilité propre, et ses tendances, amour, haine, direction en haut ou en bas. Le sentiment de la personnalité, la connaissance du moi a disparu. Cette connaissance a disparu avec l'intelligence, pour se réveiller dans une vie nouvelle.

La sensibilité propre et la tendance de l'âme vers un être aimé suffiraient à expliquer l'apparition après la mort : la sensibilité guidant l'âme et la tendance l'emportant. De même s'expliquerait la présence réelle sans apparition.

On demandera peut-être comment, après la mort, l'âme peut encore avoir une forme et comment on peut voir cette forme. Mais les atomes matériels ont bien une forme; de même l'âme humaine, qui domine l'organisme, lui prête sa forme; et elle peut conserver cette forme après la mort, jusqu'à ce qu'elle en prenne une autre, correspondante à son état nouveau, s'il y a lieu. Que si elle apparaît, sa forme est immatérielle, mais elle peut être lumineuse, l'âme étant un être d'une essence supérieure à la matière. Celle-ci est bien susceptible d'émettre de la lumière ; à plus forte raison une substance supérieure.

**

Que devient l'âme après la mort? Sur ce point, il existe une explication rationaliste. L'âme pourrait être retenue ou rappelée auprès des siens par des affinités suffisantes pendant un temps plus ou moins long ; et, ensuite, ou bien sans délai, elle irait s'incarner de nouveau dans le milieu et dans l'être qui lui correspondent exactement.

Ainsi se concilierait, lors de la naissance, la notion de la justice avec les fatalités de l'hérédité.

Il y a un dogme de la religion brahmanique qui ne dit pas autre chose : « Chaque œuvre s'attache à son auteur comme un poids ou comme le contraire d'un poids : selon qu'elle est bonne ou mauvaise, elle l'entraîne invinciblement en haut ou en bas, dans l'échelle des mondes; et sa place à chaque renaissance, sa destinée pendant chaque incarnation, est déterminée tout entière par la proportion de ces deux forces. » Et l'on aurait ainsi les parents que l'on mérite, comme les parents auraient les enfants qu'ils méritent; et comme en général chacun a toujours et précisément la vie qu'il mérite; ce que les anciens nommaient le Destin ou le Fatum étant la Loi suprême, que l'on nomme aujourd'hui soit Dieu, ou la Providence, ou la Justice éternelle, ou la justice immanente des choses, selon l'opinion qu'on professe au sujet de la Divinité, l'idée de hasard devant être écartée comme barbare et contraire au sentiment de la nécessité de la justice.

Cette explication nous paraît bonne, mais elle ne saurait prétendre à nous dévoiler tous les mystères d'outre-tombe. C'est une question de savoir si l'on a toujours le sort que l'on mérite, et la doctrine de l'épreuve nous semble avoir aussi beaucoup de prix; mais elle suppose l'intervention de la Divinté pour placer l'âme dans le milieu de l'épreuve.

Rappelons-nous d'ailleurs que la réalité surpasse toujours les conceptions de l'esprit; toujours l'imagination humaine est restée au-dessous des merveilles de l'histoire et de la science.

LES AMES EXTRA-TERRESTRES

Étudions Napoléon. Mais d'abord, laissons un peu son esprit, qu'il avait beau, comme il avait le nez également beau. Son âme s'est sans doute servi de son esprit, et cet esprit a obtenu des résultats qui ont permis à l'âme de se montrer sous tous les aspects possibles, depuis celui du petit cadet jusqu'à celui du prisonnier de Sainte-Hélène. Mais l'esprit de Napoléon n'était pas son âme, et c'est surtout l'âme que nous voudrions étudier. Chez Cléopâtre, la beauté du nez a eu pour la fortune des effets aussi décisifs que la beauté de l'esprit chez Napoléon.

Quand Taine a entrepris de juger Napoléon, il n'a pas envisagé l'esprit, mais bien l'âme, la hauteur ou la bassesse des sentiments : et il a été très sévère pour le héros : il a recueilli, avec une extraordinaire indulgence de critique, toutes les imputations contre l'homme, et il en a fait un monceau qui dépasse de beaucoup la colonne. Mais son œuvre est partiale ; la haine qu'il portait au neveu s'est étendue à l'oncle.

Un sentiment, qu'on retrouve partout exprimé dans les entretiens de Napoléon, domine et explique sa vie : l'héroïsme est la seule fin de l'homme; sans l'héroïsme, la vie ne vaut pas d'être vécue.

Il ne s'agit point ici de la gloire : esprit très positif, Napoléon faisait assez peu de cas de ce qu'on dirait de lui après sa mort; sa pensée était qu'on dirait : ouf! On relèvera peut-être le mot d'esprit positif : il ne l'était pas au sens vulgaire, qui voit le positif surtout dans le ventre: le positif pour lui, la seule chose vraie, solide et durable, c'était l'héroïsme. Cet homme-là devait être persuadé de l'existence de l'âme, puisque, pour lui, la chose la plus positive était l'exaltation de l'âme par le courage, au mépris le plus complet de la douleur et de la mort.

Il est évident que cela est sublime, et, par conséquent, que l'âme de Napoléon était une âme sublime. Qu'on objecte certains traits, comme le propos de Dresde, rapporté par Metternich, inexactement peut être : « Un homme comme moi se moque de la mort d'un million d'hommes! » pour en inférer que Napoléon était une âme dépourvue de toute humanité, c'est mal comprendre l'âme de Napoléon. Pour les âmes de cette envergure, la mort n'est rien, et ils l'estiment davantage, même pour eux, qu'une vie donnée au bien-être et à la mollesse.

Napoléon n'aurait pas eu son génie militaire qu'il aurait toujours été un héros.

Son esprit, si perçant, s'est pourtant trompé, en ne prévoyant pas les conséquences de ses menaces de descente en Angleterre, de sa mainmise sur l'Espagne, de sa confiance dans la maison d'Autriche, de la campagne de Russie, de l'insuffisance de ses lieutenants. Mais son âme a toujours persisté dans sa tendance à l'héroïsme : il est né avec cette noble tendance, il a vécu avec elle, et il est mort avec elle.

Qu'est devenue cette âme? Il est bien certain qu'elle n'est pas entrée dans le corps d'un vil usurier ou d'un être inférieur; mais, au contraire, elle s'est élevée dans des régions supérieures, et elle anime toujours un héros.

⁎

On ne peut douter que Jeanne d'Arc ne soit aussi une âme supérieure, et l'on peut même dire d'elle, sans aucune hésitation, une âme céleste.

Nous pourrions citer d'autres noms; mais il est incontestable que des âmes célestes ont vécu sur la terre, les unes connues et les autres inconnues, et que ces âmes vivent maintenant dans des mondes supérieurs.

Nous allons maintenant porter notre attention sur des faits qui se rapportent à ces mondes supérieurs. Ces faits sont principalement les apparitions de Jeanne d'Arc.

Peut-on récuser le témoignage de Jeanne, soit pour cause de simulation, soit pour cause d'hallucination? Toute la question est là.

Personne n'a cru à la simulation; même ses juges ne mettaient point en doute sa sincérité; mais ils lui disaient : « Vous avez été trompée par des esprits infernaux ».

Reste l'hallucination. On a des hallucinations dans le délire et dans la folie; mais quand de prétendus savants veulent attribuer à l'hallucination la voix du démon de Socrate, il est permis de ne pas être du même avis qu'eux. Quoi, ils connaissent donc si bien le fond des choses, qu'ils savent qu'aucun être supérieur ne peut communiquer avec l'homme, lui parler ou lui apparaître! Et lorsqu'ils rencontrent des faits avérés comme la voix du démon de Socrate ou les apparitions de Jeanne, ils savent que ce sont des hallucinations! Mais le caractère de l'hallucination, c'est de voir ou d'entendre des choses incohérentes. M. Huysmans a dit, en faisant parler Durtal : «Assimiler la bienheureuse lucidité et l'inégalable génie d'une sainte Thérèse aux extravagances des nymphomanes et des folles, c'était si obtus, si niais, qu'on ne pouvait vraiment qu'en rire! » (*En route*, p. 356.)

Nous savons que nous existons, nous savons que nous sentons, que nous pensons, que nous voulons; nous discernons ce qui est beau et nécessaire, et voilà toute la science incontestable de l'homme, il va au fond de tout cela. Mais pour ce qui est extérieur à notre âme, pour notre organisme seulement, et, à plus forte raison, pour tout ce vaste monde, nous n'en connaissons rien de science certaine; toute notre science est la connaissance des apparences, sur lesquelles travaillent la raison de l'esprit et la raison du cœur. L'expérience, féconde en merveilles toujours inattendues, est la seule base de nos connaissances extérieures : donc, lorsqu'elle nous enseigne, pourquoi la rejeter et la contredire? Autre chose est le doute prudent qu'on apporte dans la critique, autre chose est la négation de parti pris et sans autre fondement que la rareté du fait. Il y aurait au moins un fait aussi rare, ce serait la prétendue hallucination consistant à entendre des paroles sensées ou élevées; et ce fait, aussi rare, vous l'admettez bien! En bonne logique, puisque vous posez en principe qu'un fait est niable parce qu'il est rare, vous devriez nier aussi le fait de l'hallucination cohérente et sensée. Les propos de Socrate, suite de ses prétendues hallucinations, sont les paroles les plus claires et les plus profondes qu'un homme ait jamais dites. Il a dit notamment : « Je sais que je ne sais rien. » C'est qu'il comprenait ce que signifie le mot savoir. Sans doute il usait d'hyperbole, mais l'hyperbole est quelquefois nécessaire pour se faire entendre. Oui, il y a de vrais savants, mais ils sont modestes, ceux-là, et ils s'inclinent devant les faits et la raison.

Ajoutez aussi que l'événement a justifié de point en point les ordres donnés à Jeanne par ses voix et ses apparitions.

.'.

Où le bât blesse quelques prétendus savants, c'est que les apparitions de Jeanne étaient des anges, et aussi des saintes reconnues par l'Église. Déjà les anges sont inadmissibles; mais les saintes, cela est ridicule. Pourquoi? Est-ce que la procédure si sérieuse de canonisation en cour de Rome aurait pour effet de rendre incroyable l'existence d'une âme dans le monde céleste? Tout bon esprit admettra parmi les âmes supérieures celles d'Épictète et de Marc Aurèle; mais parce qu'une âme aura été déclarée céleste par l'autorité catholique, il deviendra ridicule de croire à son existence? Il y a là une partialité qui n'a aucun rapport avec une saine critique. Ce n'est point parce que Rome déclare une âme sainte que cette âme prend place dans le monde céleste; mais c'est parce qu'une âme est reconnue vraiment céleste que Rome la déclare sainte.

Jeanne d'Arc était saine de corps; elle était également saine d'esprit, comme on l'a vu par ses réponses, tant aux examinateurs de Poitiers qu'aux juges de Rouen. Or voici ce qu'ont noté des greffiers. Jusqu'à treize ans, rien. A cet âge, un archange se fit voir à elle, entouré de la troupe des anges : « Je les ai vus des yeux de mon corps aussi bien que je vous vois, disait-elle à ses juges; et lorsqu'ils s'en allaient de moi, je pleurais, et j'aurais bien voulu qu'ils me prissent avec eux. » L'archange, dans ces premières apparitions, ne faisait que la préparer à son œuvre; il lui disait de se bien conduire, que Dieu lui aiderait; puis il lui apprit qu'elle irait un jour au secours du roi de France. Ensuite, ce furent des saintes qui lui apparurent; elles lui commandèrent enfin de partir et d'aller d'abord à Vaucouleurs, vers Robert de Baudricourt. Jeanne faiblit :

elle répondit qu'elle n'était qu'une pauvre fille qui ne saurait ni monter à cheval, ni faire la guerre ; mais les apparitions devenant plus fréquentes, et la voix lui répétant deux ou trois fois par semaine qu'il fallait partir, Jeanne dut céder. On sait quelles épreuves l'attendaient dès le début. Son père la menaçait de la noyer. Baudricourt, indigné, pensa un moment à la livrer pour jouet à ses hommes. « Et souffletez-la bien ! » dit-il à son oncle. Elle demeura ferme. Enfin, il y eut un mouvement du petit peuple en sa faveur. On l'équipa par souscription ; et elle s'engagea à travers un pays en guerre, avec six compagnons.

Comme elle le disait elle-même, la marque de la vérité de sa mission, c'est qu'elle l'a accomplie. Et l'accomplissement de cette mission n'était pas facile contre les solides troupes anglaises. Il faut ajouter que, de son vivant, peu ont cru en elle, soit dans le monde de la cour, soit parmi les chefs de l'armée royale. D'entre ceux-ci, elle n'eut peut-être de tout dévoué que le duc d'Alençon, et, à la cour, elle n'inspira guère confiance qu'au roi, qu'elle convainquit entièrement en lui révélant un secret bien gardé par Charles VII, à savoir qu'il doutait de la légitimité de sa naissance. Elle n'avait pour elle que le pauvre peuple et le soldat. Pourtant, elle eut à surmonter les obstacles que la jalousie des grands et des capitaines opposait à l'accomplissement de sa mission.

Donc, si Socrate est un halluciné, si Jeanne est une hallucinée, il faut convenir que leur genre d'hallucination est au moins aussi extraordinaire que l'intervention d'une âme céleste.

.˙.

Maintenant, nous prierons les partisans de l'hallucination de vouloir bien expliquer les terreurs paniques.

Si la terreur panique se produisait uniquement chez des troupes battues et rebattues, complètement découragées, on pourrait encore en voir la cause dans le vertige de la défaite. Néanmoins, on admirerait que la déroute fût générale; car, même dans les revers, il y a des âmes d'élite qui restent fermes, qui retiennent leurs compagnons, ou bien qui ne les suivent pas. Rien de semblable dans la terreur panique.

Une troupe peut être victorieuse : tout à coup, elle est prise d'un affolement particulier, et tous s'enfuient sans savoir pourquoi. « Terreur panique, terreur subite et sans fondement », dit Littré. Les exemples abondent. Parfois, on croit en comprendre la cause, comme après le pillage du temple de Delphes par les Gaulois : la crainte d'Apollon. Voyez-vous les Gaulois craignant Apollon ! ces diables de Gaulois ! Soit. Mais dans la plupart des cas, on ne peut trouver aucune apparence de cause.

Les Grecs, qui n'étaient pas tout à fait des imbéciles, attribuaient la terreur panique à l'action du dieu Pan. Ils ne pouvaient l'expliquer que par une intervention céleste, et nous suivons leur opinion, excepté pour la personnalité de Pan; mais ce n'était pas déjà si sot, Pan signifiant Tout.

Autre chose. Des observateurs psychologues disent positivement que la foule est quelquefois entraînée tout entière par un sentiment, ordinai rement bas, avec une violence irrésistible, comme si une âme planait au-dessus d'elle et annihilait l'âme propre de chacun. Ils ajoutent que ce n'est pas là une métaphore, mais une réalité, autant que la réalité peut se manifester par l'apparence. Ainsi s'expliqueraient certains actes atroces. Individuellement, ceux qui ont le malheur de faire partie de ces foules criminelles sont, en général, très éloignés de commettre ou d'approuver de pareils actes : mais tel jour, dans la foule, ils en ont pris leur part avec frénésie. Ces faits, que nous ne pouvons comprendre, s'expliquent si nous admettons, avec les anciens, l'intervention, dans certains cas d'une puissance infernale.

Ce n'est pas non plus par métaphore que les poètes parlent de leur muse : ils croient à un être réel et invisible qui les inspire. « Sache bien que, quels que puissent être ton génie et ta science, tu ne saurais jamais parvenir à écrire de beaux poèmes sans un secours divin et surnaturel. » (Théodore de Banville, *Traité de poésie française*. Conclusion.)

Rappelons maintenant l'impression que nous donnent les deux voies intérieures, dont l'intervention est rare, mais dont presque tous les hommes connaissent au moins celle du bien. Il ne s'agit pas seulement de notre conscience, qui nous montre le bien et sa nécessité, mais d'une voix qui semble venir du dehors et qui nous remplit l'oreille, comme si un être invisible se portait au secours de notre âme.

Ce qu'il y a de fâcheux pour les partisans de l'hallucination, c'est que les trois cas les plus célèbres de voix ou d'apparitions sont arrivés à trois êtres remarquables par la solidité de leur esprit et par leur courage.

.·.

Le troisième exemple, en effet, est celui de Brutus, le meurtrier de César. Nous jugeons exécrable l'action de Brutus. Lui-même, pendant longtemps, eut horreur de la commettre; mais enfin, la liberté romaine, c'est-à-dire l'oligarchie des grandes familles, tempérée par la corruption du suffrage populaire et par les assassinats du forum; donc, les intérêts sacrés de la liberté décidèrent Brutus à porter le couteau sur celui qui l'avait adopté pour fils, sur le héros le plus doux à ses concitoyens qui fût jamais.

C'était un crime, commis par suite d'une erreur d'appréciation très répandue sur la conduite de César; si bien que Brutus en fut plutôt le bras que la tête.

Mais, l'acte fait, il le soutint bravement, fort de sa conscience et de sa vertu.

Quelque temps après, étant à la tête d'une armée, ses affaires ayant une tournure favorable, bien avant la bataille de Philippes, comme il veillait, une nuit, dans sa tente, il crut entendre quelqu'un entrer. Il tourne ses regards vers la porte et voit un spectre horrible, d'une figure étrange et effrayante, qui s'approche et se tient près de lui en silence. Il eut le courage de lui adresser le premier la parole : « Qui es-tu, lui dit-il, un homme ou un dieu? Que viens-tu faire dans ma tente? Que me veux-tu? — Brutus, lui répondit le fantôme, je suis ton mauvais génie; tu me reverras à Philippes. — Eh bien! répartit Brutus sans se troubler, nous nous reverrons. » Dès que le fantôme eut disparu, Brutus appela ses domestiques, qui lui dirent qu'ils n'avaient rien vu ni entendu; et il se remit au travail. Le lendemain, il alla voir Cassius et lui raconta sa vision. Cassius, qui faisait profession de la doctrine d'Épicure, lui dit : « C'est une pure imagination. Il n'est pas vraisemblable qu'il existe des génies. Je voudrais qu'il y en eût, afin que nous pussions mettre notre confiance, non seulement dans nos armes, mais dans l'aide des dieux, qui se déclareraient sans doute pour les chefs de l'entreprise la plus sainte et la plus belle. »

Les dieux s'étaient déclarés, et ils s'étaient déclarés contre eux, en conduisant à une facile victoire un jeune homme de vingt ans, d'abord bafoué par tout le monde, Octave César.

Le témoignage de Brutus a été bien connu dès le premier jour, puisqu'il était alors au milieu d'une armée. La parole de Brutus ne peut être mise en doute. Reste l'hallucination; c'était l'avis de Cassius, ou plutôt, comme il l'expliquait, un principe de sa philosophie. Mais au-dessus de tous les principes de philosophie, il y a les faits.

Il faut donc choisir entre les témoignages de

Socrate, de Jeanne d'Arc et de Brutus d'une part, et, d'autre part, l'opinion arrêtée d'avance des matérialistes.

Nous choisissons les témoignages et nous rejetons l'opinion matérialiste. Pour nous, les témoignages sont probants, et l'opinion matérialiste est une négation sans fondement.

*
* *

Et, maintenant, de ce qui précède, nous tirerons les déductions suivantes.

Tout homme peut être en communication avec une âme céleste, mais inopinément, et même, en principe, sans savoir qu'une âme céleste l'inspire.

Les conséquences de cette communication chez un prince, un général ou un tribun, peuvent s'étendre à tout un peuple et même à plusieurs.

Une âme céleste peut planer sur une nation, et, à un moment donné, l'animer tout entière. Et que ne peut une âme céleste investie d'un pouvoir surhumain, quand on voit qu'un homme peut enflammer toute une armée, tout un pays, comme a fait Napoléon? Les soldats expirants étaient heureux de mourir pour lui : le fait est rapporté par des témoins comme très fréquent.

De même que les âmes célestes, les âmes infernales peuvent influer sur les individus ou sur les foules.

Il est évident qu'en définitive l'intervention des âmes célestes n'est autre que l'intervention divine; mais la Divinité paraît employer l'intermédiaire des âmes célestes; et il nous est plus facile d'invoquer une âme céleste, qui est plus rapprochée de nous, presque familière, que d'invoquer directement la Divinité, si voilée, ou si haute et si imposante.

Mais l'invocation ne saurait suffire, si celui qui invoque ne mérite pas l'aide. Il vaut mieux mériter sans invoquer que d'invoquer sans mériter. Aide-toi, le ciel t'aidera. D'abord, nous devons faire appel à tout notre courage : courage de voir et courage de faire ou de ne pas faire. C'est ensuite que nous pouvons tout espérer de la Divinité et l'invoquer avec raison. Il est parfaitement admissible que cette invocation n'est pas nécessaire quand nous méritons l'aide, attendu que celui qui travaille prie; mais l'invocation même nous aide.

Quant aux évocations, nous n'en connaissons pas d'exemple, si ce n'est de prétendues manifestations d'esprits très inférieurs, à la suite des évocations spirites. Après tout, c'est possible, car ces esprits présenteraient bien les caractères inférieurs : la fourberie, la sottise, le burlesque, la méchanceté. Tel est le seul indice de vérité de quelques-unes de ces évocations.

Un médium évoque Corneille ou Mirabeau, et l'esprit qui répond paraît n'avoir rien de commun avec Corneille ou Mirabeau. C'est une larve, selon l'expression des occultistes, qui se présente au lieu de l'esprit appelé; et voilà le commencement de la fourberie. Cette larve dit des niaiseries et fait tout le mal possible : c'est ce qui causait le désespoir du docteur Paul Gibier, tout adonné aux évocations spirites. Ces esprits criblent les médiums et les assistants de projectiles variés; ou bien ils entrent dans le corps du médium, « l'intransent », et en font un vrai démon qui casse tout et veut tout tuer.

Mais de tels faits, même avérés, seraient indignes de retenir l'attention.

LA DIVINITÉ ET L'ESPRIT DU MAL

L'homme conçoit la beauté morale d'après les sentiments que lui font éprouver les actes de ses semblables. Il nomme beauté morale le courage et l'amour, pour ne citer que les modes principaux.

Il conçoit de même le mal moral.

En même temps qu'il conçoit ces modes, il les juge, et il affirme que le bien est préférable au mal, que le bien est nécessaire et que le mal doit être éliminé.

Il s'applique à lui-même ce jugement et sait quand il fait bien ou quand il fait mal; mais l'instinct de conservation et la tendance au bonheur de tout son être lui font accepter souvent l'idée du mal.

Cette tolérance s'étend à ses semblables, quand son intérêt personnel y est. S'il veut, par exemple, commettre une méchante action de complicité avec quelqu'un ; et encore lorsqu'il est dépravé par l'habitude du mal, et que ses intérêts ne sont pas atteints par la méchanceté d'autrui ; méchant lui-même, il aime à voir un autre méchant faire souffrir un tiers.

Mais, en principe, l'homme non dépravé, même coupable, proclame au moins pour les autres la nécessité de bien faire ; et, même dépravé, il affirme à tue-tête cette nécessité dès qu'il est lésé par la méchanceté d'autrui.

On peut donc dire en pratique que l'homme a deux idéals, l'idéal proprement dit ou idéal général, et l'idéal particulier ou idéal du mal. Car le mal devient un véritable idéal inférieur : point d'effort, ni intellectuel, ni physique, ni surtout moral ; toutes les jouissances du corps, tous les amusements de l'esprit, toutes les joies de la vanité, de l'orgueil ; et pour réaliser ce premier degré de l'idéal du mal, la ruse et l'audace ; puis la dépravation gagnant les derniers retranchements du cœur, le plaisir de voir faire le mal, la joie de faire souffrir, et enfin, dernier terme du mal, le crime. Oui, le crime même devient un idéal au degré ultime de la perversité.

Chez la plupart des hommes, il y a un mélange d'idéal du mal et d'idéal du bien, selon les exemples qu'ils ont vus et selon leur propre caractère. Il peut exister même de bonne foi une certaine confusion qui se dissipe avec le temps et la méditation.

La haute raison de l'homme qui discerne le bien et le mal, qui affirme la nécessité du premier et condamne le second, cette haute raison ajoute sans hésitation, tant qu'elle n'est pas obscurcie par l'intérêt de le nier, que le bien doit être récompensé et que le mal doit être puni. Nous ne pouvons douter de la vérité d'une affirmation générale parmi les hommes d'après leur raison supérieure. Cette affirmation est comme un écho de la voix de la cause première des choses.

Or, si en règle générale le bien est récompensé et le mal puni dès ce monde, sinon immédiatement, au moins du vivant même de chaque individu, cependant cette règle est surtout vraie pour le bien et le mal médiocres : elle souffre des exceptions pour le bien et le mal extrêmes. D'illustres exemples établissent que le bien, au plus haut degré, n'est pas toujours récompensé ici-bas, mais ou bien dédaigné, honni et bafoué, ou même persécuté et enfin imputé à crime. C'est ainsi qu'un brave soldat mutilé était réduit autrefois en France à mendier son pain, que celui qui s'est dépouillé pour des ingrats est méprisé et raillé comme Louis le Débonnaire, que Jacques Cœur a été poursuivi par la haine de Charles VII, que Jeanne d'Arc a été abandonnée, que Jésus a été crucifié. D'autre part, le mal, très grand, n'est pas toujours puni, mais souvent respecté et même glorifié, comme les grandes voleries financières, les grandes tueries lâches, l'épouvantable trahison de Talleyrand à Erfurt, qui a livré Napoléon et la France : grands voleurs, grands assassins, grands traîtres, ils meurent triomphants.

Laissant donc les arguments tirés des sciences d'observation et des témoignages en faveur de l'existence des âmes, nous affirmerons une dernière fois cette existence en vertu de la nécessité de la justice ; et de toutes les preuves, celle tirée de la nécessité de la justice est celle qui peut être le mieux entendue, car elle est sentie directement par le cœur.

Et c'est alors qu'apparaît la Divinité, sous la figure humaine, dans l'image de Jésus-Christ.

L'existence de Jésus est incontestable ; et la critique la plus jalouse ne conteste pas davantage les grands traits de sa vie, ni le sens général de ses paroles.

Or, Jésus possédait au suprême degré les qualités idéales : le courage et l'amour. Cependant, l a été poursuivi par une haine presque générale, et, après d'affreuses avanies, il a été cruellement supplicié.

Qu'est-il devenu après sa mort ?

La réponse est nécessaire : cette âme n'est pas morte, et elle est au-dessus de toutes les autres.

Voilà le Dieu certain, réel, vivant et visible.

*
* *

Notre entendement a été limité et il ne peut comprendre la cause première. Que quelque chose existe dans l'espace infini, voilà ce que notre esprit ne peut s'expliquer. C'est un Dieu créateur ? L'esprit ne s'explique pas son existence. C'est la matière éternelle? Il ne s'explique pas davantage son existence. Notre faculté d'analogie veut que tout ait une cause; or, dans le spiritualisme, nous ne comprenons pas la cause de l'existence du Créateur; ni, dans le matérialisme, la cause de l'existence de la matière. Les spiritualistes disent donc que le Créateur existe par soi, et les matérialistes que la matière existe par soi. C'est le commencement de la métaphysique où l'on ne s'entend plus. La vérité est que des bornes ont été mises au champ de vue de notre esprit. Notre âme va beaucoup plus loin, avec le sentiment de la beauté morale et la certitude de la nécessité de son triomphe.

Nous ne tenterons donc pas de comprendre la cause première; et, au lieu de scruter les choses à leur origine, vague et ténébreuse pour nos yeux, nous essaierons de remonter à la cause immédiate de l'homme. Ici nous avons un degré qui nous permet de nous élever; mais, arrivés en haut de ce degré, nous rencontrerons encore une voûte au-dessus de notre tête. Cependant nous irons jusqu'où pourra notre entendement.

Nous rechercherons donc si l'analyse des choses révèle une puissance supérieure, ou bien si l'on doit s'en tenir à l'existence de la matière et des âmes.

Dans l'état actuel de la science, on aboutit à la conclusion que l'homme a été formé par une puissance organisatrice, qui n'est contenue ni dans l'âme ni dans la matière.

Les premiers matérialistes expliquaient tout par la matière et le hasard.

Les grands matérialistes ont fait intervenir la Nécessité, c'est-à-dire une manière d'être nécessaire de la matière supposée éternelle, à savoir de ne pouvoir faire autrement que de composer des organismes, comme aussi des soleils et des planètes avec tous leurs minéraux. Cette conception est profonde, et elle pourrait balancer l'idée spiritualiste, si l'on n'avait pas réfuté la génération spontanée des organismes.

Les matérialistes alors se sont bornés à admettre la préexistence des germes. Mais cette supposition n'explique pas la présence de l'homme sur la terre; le premier homme n'est pas sorti d'un germe; car le germe ne se forme que dans le sein de la femme, et, après la naissance, le bambin a besoin de bien des soins avant de pouvoir trouver sa vie. Il est vrai que Lucrèce montre les premiers hommes sortis de matrices à fleur de terre, et qui tètent tout de suite des mamelles gonflées de lait et poussées dans le voisinage. Il n'y avait par là aucun loup ni autre intrus, et les bébés pouvaient s'ébattre en liberté, excellent mode d'éducation pour le premier âge.

L'embarras des matérialistes était grand, lorsque Darwin les en tira en leur donnant l'hypothèse de l'évolution. Mais Darwin a paru faible aux matérialistes : car il admet la création de quelques espèces mères, dont toutes les autres seraient sorties par transformations successives. Les matérialistes perfectionnèrent sa doctrine. Préexistence de quelques germes rudimentaires (il faut reconnaître que cette manière de tourner la réfutation de la génération spontanée a bien son mérite); et, de ces germes, par évolution, tous les êtres jusqu'à l'homme. Il n'y a qu'un tout petit inconvénient à cette belle explication, c'est qu'elle n'a pas la moindre apparence de fait en sa faveur : c'est l'hypothèse la plus gratuite, la moins fondée qui ait jamais été produite. Elle est très séduisante, elle se comprend tout de suite, et en cinq minutes elle vous fait un savant, qui n'est embarrassé sur rien. Mais la science ne peut se bâtir qu'avec les faits et la raison. Or la raison n'a rien à voir dans tout cela; c'est une pure imagination de Lamark, reprise par Darwin, et complétée par ses disciples matérialistes. Mais bien avant Lamark, et de tout temps, cette imagination avait hanté la pensée dans son enfance, au moins pour la transformation des êtres : la fable est pleine de métamorphoses.

La vérité, d'après les faits, c'est que les espèces ne se transforment pas en d'autres espèces. C'est un point établi, non seulement par l'observation générale, mais encore par l'étude des espèces qui ont vécu sur la terre et dont on retrouve les restes dans son sein.

Les espèces ne se transformant pas en d'autres espèces, la question se repose : comment l'homme est-il apparu sur la terre?

Les méditations les plus profondes ont conduit les anciens sages à cette réponse : l'homme a été formé par une puissance supérieure. Cette doctrine est infiniment plus scientifique que le transformisme, car la raison, pressée par la réalité, ne peut aboutir à une autre conclusion. Cette conclusion est le plus grand pas fait par l'esprit humain vers la notion de notre origine.

*
* *

L'étude des couches terrestres montre avec évidence le travail suivi de la Puissance organisatrice. L'homme est la dernière œuvre d'une série organique dont chaque espèce est en progrès sur la précédente. L'état de l'embryon humain dans le sein maternel montre l'homme futur sous les aspects d'êtres qui lui sont inférieurs. Les darwinistes se sont emparés de cette observation comme d'un argument ; or ce fait ne leur apporte aucune preuve, mais indique seulement que la Puissance qui nous a formés est bien celle qui avait précédemment formé les grandes espèces animales, et qu'elle a conservé le même procédé de formation de l'embryon dans l'organisme maternel. Il arrive que des espèces entières disparaissent; elles sont remplacées par des espèces plus fines, moins formidablement armées et plus belles de forme.

La Puissance organisatrice travaille donc sans cesse, à la fois ingénieur et artiste, cherchant toujours le mieux.

Et maintenant sommes-nous bien avancés? Nous sommes à la fois bons et mauvais; comment expliquer cela?

On n'a trouvé qu'une explication : c'est que deux puissances, l'une bonne et l'autre mauvaise, influent sur les choses et sur les êtres.

L'une de ces puissances, on la nomme Dieu, ou l'Esprit divin; et l'autre puissance, on la nomme Esprit du mal, ou Satan.

Ces puissances sont réelles, mais elles sont entourées de voiles impénétrables.

« Bornez-vous à dire : Il y a des dieux », recommandait le philosophe Bias.

« Nul n'a jamais vu Dieu, dit saint Jean; le Fils unique, qui est dans le sein du Père, est celui qui en a donné la connaissance. » (Évangile I, 18.)

Ici se dresse une objection : puisque Jésus-

Christ était identique à l'idéal, et par conséquent à Dieu même, à quoi bon philosopher? l'Évangile suffit, soit pour nous instruire des choses métaphysiques, soit pour nous guider dans la conduite de la vie.

Mais nous déduisons la Divinité du Christ au moyen de la raison. La raison est donc sacrée. Elle nous a été donnée et même imposée pour que nous nous en servions.

Or, la raison admet que les quatre versions de l'Évangile, reconnues comme authentiques, méritent créance comme témoignage de l'existence du Christ, des grands traits de sa vie et du sens général de ses paroles. Mais en ce monde, le mal se glisse dans tout. Il s'est trouvé un traître parmi les apôtres. Les différentes versions de l'Évangile sont obscures ou incompréhensibles dans certains détails, surtout celle de saint Jean. Devons-nous abdiquer notre raison devant ces textes? Non, ce serait rejeter le plus grand des présents de Dieu, la lumière qu'il nous a donnée pour nous guider. L'Évangile, tel qu'il nous est parvenu, peut contenir des erreurs de rédaction, des erreurs de traduction, ou même des intercalations. Mais, ces réserves faites, il faut reconnaître que, dans leur ensemble, les quatre versions reconnues authentiques de ce livre sublime présentent des garanties de sincérité telles qu'aucun auteur n'en a jamais fournies : car deux au moins des quatre évangélistes, saint Marc et saint Luc, sont morts pour leur foi; on croit que saint Matthieu a été martyrisé en Perse, et saint Jean aussi fut persécuté.

*.

La doctrine qui se dégage de l'Évangile est celle-ci :

Dieu est un Père qui nous aime.

Satan cherche toujours à nous tenter.

Le bien sera récompensé.

Le mal sera puni.

Le bien se résume dans l'amour.

A supposer que Jésus, qui avait l'âme parfaite, mais qui en même temps était un homme, c'est-à-dire sujet à l'erreur, à supposer que Jésus se soit trompé sur la Puissance supérieure qu'il nommait notre Père céleste, son erreur est belle et elle est digne de son cœur. Il serait le seul Dieu méritant ce nom, si la Puissance créatrice était inconsciente. Mais ce qui confirme la parole du Christ, c'est le sentiment du beau qui a été mis dans l'homme. Puisque ce sentiment est dans l'âme humaine, il est aussi dans la Puissance supérieure qui l'a formé.

Jésus se borne à affirmer l'existence de Satan. On sait que les Pères de l'Eglise ont suppléé, par la philosophie et la tradition religieuse juive, les explications que le Christ n'a pas données.

Le Christ s'est borné à l'essentiel, et il l'a répété sans cesse : vous serez récompensés pour le bien que vous aurez fait, et vous serez punis du mal. La justice est nécessaire.

Qu'est-ce que le bien ? C'est l'amour. Il faut aimer même nos ennemis, c'est-à-dire vouloir leur bien, et en conséquence, s'ils sont méchants, leur amendement. Mais il ne faut pas user de violence à leur égard, ni leur résister aucunement.

Ici nous nous arrêtons. Le Christ s'est trompé, non comme moraliste divin, mais comme moraliste humain. L'amour comporte le plus haut courage, puisqu'il va jusqu'à mourir pour autrui. La doctrine est donc d'une vérité irréprochable. Elle est sublime. Mais voici où elle devient tout à fait divine et complètement surhumaine.

La soumission aux méchants, présentée comme règle absolue, est un principe négatif de tout ordre dans la société, et de toute défense contre l'ennemi étranger. Où le principe devient vrai, même en ce monde, c'est pour ceux qui sont irrémédiablement plus faibles, et, à la vérité, c'est le cas du plus grand nombre. La résignation chrétienne est le refuge des opprimés, à qui elle rend de la dignité dans la plus dure servitude. Elle peut contribuer aussi à adoucir leur sort, non seulement par l'espoir en Dieu, mais en désarmant souvent la rigueur des méchants. Mais elle ne convient pas à l'homme qui est en pleine possession de ses moyens, à moins qu'il ne renonce entièrement à ce monde et qu'il ne sacrifie tous les siens. Or, l'homme a le droit de se sacrifier, mais non au détriment des siens; ce serait contraire à la loi d'amour, à moins qu'on n'entende l'amour des siens en Dieu, c'est-à-dire pour leur salut. Mais ici on perd pied, et l'homme ne peut s'élever dans ces régions. Nous sommes des hommes, c'est-à-dire des demi-animaux, malheureusement susceptibles de tomber au-dessous de l'animal, et la triste vérité c'est que la misère et la sujétion conduisent fatalement la plupart des hommes au vice et à l'ignominie. « Car Jupiter au vaste regard, dit Homère, ôte à l'homme la moitié de sa vertu lorsqu'il devient esclave. »

Si la doctrine du Christ nous a été rapportée fidèlement, et il est permis d'en douter, il faudrait donc conclure qu'il s'est trompé, parce qu'il était homme, et aussi parce que son âme, toute divine, était trop au-dessus de celle des hommes pour que son esprit pût descendre à concevoir toute leur faiblesse. Mais il est permis de penser que la doctrine du Christ ne nous a pas été rapportée fidèlement sur ce point; il a suffi de présenter comme absolue une règle relative seulement aux faibles. Le grand esprit de Jésus, ses paroles et ses actes ne s'accordent pas avec cette règle absolue; car évidemment il connaissait la loi de lutte, il a dit expressément qu'il apportait la guerre, et sa vie a été un combat incessant contre les méchants.

Il faut donc adorer Jésus, et rien n'est plus aisé. Mais il faut aussi nous plier aux conditions d'existence qui nous sont faites. L'idéal chrétien absolu est dangereux pour les âmes aimantes; il les perd souvent, à la lettre, en les désarmant d'abord, puis en les plongeant, par révolte, dans le mal. D'autre part, cette doctrine enhardit les habiles qui en ont fait un instrument de domination.

Nous allons étudier la loi qui nous a été donnée par la Divinité voilée que Jésus nommait son Père. Nous verrons que cette loi nous prescrit d'abord d'acquérir la force et, quand nous la possédons, d'en user avec justice, avec douceur, avec bonté. Toute la métaphysique, comme le disait Socrate, aboutit à la connaissance de cette loi divine, qui est, selon lui, la science par excellence. Il pensait que toutes nos fautes et tous nos malheurs viennent de notre ignorance à cet égard.

LA LOI DIVINE

L'homme est sollicité au bien et au mal, et, entre ces deux attractions, existe la tendance au bonheur. Cette dernière n'est pas nécessairement du côté du mal : si l'homme arrive à concevoir le bonheur dans le bien, sa tendance au bonheur se dirige vers le bien. Ces deux attractions et cette tendance sont des passions entre lesquelles la volonté, éclairée ou non par la raison de l'esprit et la raison du cœur, choisit. Ce choix n'est pas toujours suivi d'effet, et la passion peut faire agir l'homme contrairement à sa volonté; c'est un fait bien connu. La volonté n'est pas toujours accompagnée de la force suffisante : le défaut d'habitude, ou de mauvaises habitudes, peuvent faire faire à un homme juste le contraire de ce qu'il veut.

Certaines personnes sont paralysées, devant le

danger, par une peur physique qu'elles ne peuvent dominer. On a vu un jeune officier, désespéré d'éprouver cette affreuse passion, dire à son supérieur : « C'est inutile, je ne peux pas, faites-moi fusiller! » Mais le courage s'acquiert par l'habitude : et c'est pourquoi Marius tint ses soldats si longtemps retranchés devant les Teutons et les Ambrons, persuadé qu'ils seraient vaincus s'ils combattaient avant de s'être accoutumés aux cris et aux visages de ces barbares.

Voici un autre aspect de la question : la volonté n'est pas toujours bonne, et la passion qui s'oppose à la volonté n'est pas toujours mauvaise : l'âme peut être si attachée au bien par éducation et par habitude, qu'elle ne peut faire le mal alors qu'elle le veut; les jeunes gens connaissent cela. Les criminels, selon une expression que nous avons retenue, ont souvent beaucoup de peine à « aborder la rive sanglante. »

La volonté, suivie d'efforts répétés, donne la force. Dans le sens du bien, cette force se nomme courage ou force d'âme; dans le sens du mal, cette force est une parodie du courage. La force d'âme consiste alors à étouffer la voix de la conscience, ou bien elle est au service d'un idéal erroné, comme est le crime dans les esprits dépravés, soit par la contagion de l'exemple, soit par déchéance propre. Le mal ne demande d'abord que de la lâcheté; et peu à peu cette lâcheté conduit l'âme à la parodie du courage, soit pour commettre le crime, soit pour subir l'expiation : l'homme est obligé à l'effort, et s'il prétend s'y soustraire dans le sens du bien, il est condamné à s'y plier plus tard dans le sens du mal. On ne peut donc éluder la loi du courage.

Bien des personnes de bonne volonté, mais maladives, ou molles, ou nerveuses, ou trop passionnées, enfin faibles de cœur sans être nullement mauvaises, rencontrent ici dès le début un obstacle qui semble complètement insurmontable pour elles. C'est une erreur. A moins de maladie proprement dite, on peut obtenir par l'effort modéré des résultats dépassant toute espérance; comme on le voit pour le courage physique, qu'on obtient par les exercices du corps. Il est plus difficile d'exercer le courage contre une mauvaise habitude, telle que l'oisiveté, la fréquentation de la mauvaise compagnie, l'usage des spiritueux, le commerce des filles, le jeu; habitudes qui sont devenues autant de besoins factices. Mais les mauvaises habitudes cèdent presque toutes quand on se réfugie dans la vie de famille; ce qui est un effort assez doux. Reste la lutte contre les passions, passions de l'esprit, passions de l'âme. On ne peut faire autrement que d'y céder dans une certaine mesure; mais l'important est de ne pas s'y attarder, et d'en sortir le plus tôt possible. *Principiis obsta. Oppose-toi aux commencements.* Tout est là. On peut ainsi s'empêcher assez facilement d'aimer une femme. On chasse aussi aisément une haine aveugle.

Le courage est donc la prescription générale qui s'applique à toutes les prescriptions particulières. Devise : *Exerçons-nous.*

***

La première prescription particulière est de regarder les choses en face, soit avec les yeux du corps, soit avec les yeux de l'esprit. Il faut du courage non seulement pour envisager le péril, mais encore pour voir ce qui nous importe dans notre santé, nos moyens d'existence, nos affections. Il faut quelquefois du courage pour examiner son budget, pour écrire une lettre, ou même pour en lire une. « Tenez les yeux grands ouverts », dit la Bible. La première chose qu'on demande à une recrue, c'est de regarder en face. Cette prescription embrasse toutes les suivantes, en ce sens qu'en regardant, on éprouve déjà le sentiment des difficultés que rencontrera l'observation des autres prescriptions. A l'effort propre de l'attention se joint l'angoisse d'autres efforts. Or, à ne considérer que l'attention seule, elle demande déjà une dépense appréciable de volonté, que l'habitude rend seule aisée, ne fût-ce que pour faire attention dans les actes ordinaires de la vie, marcher, parler, écouter, petites choses ou affaires importantes. Cette prescription se résume dans l'attention. Le « Garde à vous ! » qui est le premier commandement militaire, est aussi la première prescription de la loi divine. L'attention engendre l'intelligence, ou connaissance des choses, qui était considérée par les anciens, sous le nom de sagesse, comme la première qualité de l'homme. Celui qui enfreint cette prescription, on le qualifie, et quelquefois à tort, d'imbécile. Devise : *Attention!*

***

La seconde prescription est de travailler et de lutter pour vivre, pour avoir place au soleil. La Divinité créatrice, elle aussi, a une devise pour ses récompenses, et cette devise fut probablement révélée par Aristote à Alexandre, qui mourut en la répétant : « Au plus digne ! » C'est ce que les darwinistes nomment également la lutte pour la vie, ou de l'expression ampoulée de « concurrence vitale ». Malheureusement, ils tendent à ne voir la supériorité que dans la force brutale; la supériorité, entre les hommes, vient bien plutôt de l'esprit et encore plus du cœur. Cette tendance des darwinistes est très dangereuse pour des esprits à demi cultivés. Lebiez et Barré sont devenus assassins en appliquant consciencieusement cette doctrine qu'eux, jeunes et forts, avaient le droit, de par la nature, de tuer une vieille femme. Ils étaient très surpris de la réprobation qu'ils excitaient, leur sens moral s'étant aboli, on peut dire innocemment, au contact de cette détestable erreur. Il faut se préparer sérieusement, et cela demande du temps et de la peine, à un travail qui soit utile pour les autres, ou tout au moins agréable et en même temps avouable. Spéculer sur la hausse ou sur la baisse des valeurs de bourse est une entreprise pleine d'angoisses et qui n'est utile à personne qu'à celui qui s'y livre, quand elle lui est utile, ce qui est rare. C'est donc un mauvais travail. Mais faire d'amusants vaudevilles pour dérider les honnêtes gens, c'est un travail utile et aimable, si ce n'est pas une occupation aussi relevée que celles du grand Colbert. Le principe est de bien apprendre un métier honorable, depuis l'agriculture jusqu'au grand professorat; après quoi l'on est armé pour le combat. Que si votre métier vous trahit, il en faut trouver quelque autre, conforme à vos moyens, mais il faut faire quelque chose; la fortune même ne dispense pas de travailler, quand ce ne serait qu'à une étude désintéressée de science ou d'art; c'est une sauvegarde contre l'ennui et, à un moment donné, vous pourrez donner la preuve que vous n'êtes pas demeuré oisif, ce qui vous classera et vous assurera l'estime de ceux qui vous connaissent. D'ailleurs ces travaux, en apparence inutiles, servent pourtant à leur auteur et à tout le monde : les grandes découvertes viennent de la science pure, d'où l'on tire des applications, comme celles de l'électricité ; l'art et les lettres peuvent contribuer à l'élévation du niveau intellectuel et moral.

La lutte doit être loyale et ouverte, à moins d'avoir affaire à des êtres démoniaques, qu'on détruit alors comme on peut. A notre époque, c'est surtout entre les pays que s'engagent les combats sanglants. Il est constant qu'en droit naturel on peut s'emparer d'un territoire occupé par des races fainéantes, viles ou féroces, comme les Dahoméens, les Malgaches, les Annamites. La Divinité le veut ainsi pour le salut même de l'humanité : les Romains ont fait autrefois une grande œuvre et les Anglais en font une plus grande encore aujourd'hui. Entre gens civilisés, nous devons respecter nos semblables dans leurs personnes et dans leurs biens ; tout notre effort doit tendre à les amener à nous offrir eux-mêmes une part de ces biens, en retour de véritables services. Mais si quelqu'un nous attaque dans nos biens ou dans notre personne, nous devons être en mesure de nous défendre, et quelquefois sans pouvoir attendre l'intervention de l'autorité. Ce n'est pas seulement nous-même que nous avons à défendre, mais encore nos parents, nos femmes, et nos enfants. Il faut donc avoir de bons bras et savoir s'en servir.

Cette seconde prescription est celle du courage proprement dit : cœur au travail et au combat. Celui qui l'enfreint, on le qualifie, et quelquefois trop sévèrement, de lâche. Devise : *Laboremus!*

.°.

La troisième prescription est de payer nos dettes ; et d'abord les dettes proprement dites : tenir loyalement nos engagements. Rien n'est si désastreux que de vouloir s'y soustraire ; rien n'est si profitable que de s'acquitter fidèlement, et l'on a pu dire qu'à payer ses dettes l'on s'enrichit; car, en principe, l'on y gagne plus de crédit qu'on ne débourse d'argent.

Mais il est d'autres dettes que celles contractées en affaires. Nous devons nous souvenir du bien qu'on nous a fait et ne pas céder à la lâche tentation de l'ingratitude. On peut dire, avec La Fontaine, qu'elle assure notre misère finale, puisque nous nous éloignons alors de tous ceux qui nous font du bien. Ceux-là sont rares; attachons-nous à eux par intérêt bien entendu, autant que par devoir et par plaisir. Ils nous ont fait du bien, ils sont capables de nous en faire encore ; tandis qu'en général, nous n'avons rien à attendre de bon des autres, mais tout le contraire. Pour ne parler que du devoir, si nous y manquons, nous y gagnons le mépris d'un brave homme, le nôtre et celui de la galerie. Si nous remplissons notre devoir, nous assurons notre bonheur, en même temps que nous gardons notre honneur. Ce qui dispose à l'ingratitude, c'est la crainte d'avoir à rendre un bœuf pour un œuf; mais il vaut mieux s'acquitter parcimonieusement que de faire banqueroute.

Nous avons une grande dette envers la société dont nous faisons partie. C'est grâce à elle que nous vivons, que nos parents et nos ancêtres ont pu subsister. Sans cette société, nous n'existerions pas. Elle nous a défendu, elle a défendu notre famille depuis des siècles contre l'ennemi étranger et le crime privé. Bref, nous lui devons tout, vie et biens : cette vie, ces biens, elle les a assurés au prix de son sang et de son argent. Si nous lui devons tout, nous devons donc être prêt à lui tout sacrifier au besoin : elle peut donc nous demander notre liberté pour le service militaire, et notre vie au cours de ce service; elle peut nous demander un impôt régulier, et, en cas de nécessité, des contributions extraordinaires. Louis XIV n'avait donc pas si tort, dans sa conception des droits de l'État, quand il pensait que celui-ci est maître des biens et des existences : les tempéraments sont l'utilité des sacrifices et la répartition équitable des charges.

Il y a des malheureux qui renient la patrie en disant : « Qu'a-t-elle fait pour nous? Nous sommes nés dans la misère et dans le vice; nous n'avons pas de métier, nous n'avons pas de foyer; nous sommes toujours plus ou moins sous le coup de la loi, exposés au vagabondage et à la mendicité. Nous voudrions être honnêtes, et nous ne savons comment faire pour avoir un travail assuré, mesuré à nos forces, assez rémunérateur. » Sans doute, il y a de la déclamation et de la mauvaise foi souvent chez ces infortunés, mais leurs plaintes ne sont pas toujours sans fondement. C'est qu'en effet, la société n'est pas encore ce qu'elle doit être, à savoir, non pas leur affreux cauchemar collectiviste ou communiste, entrevu à travers le carnage et l'incendie d'une révolution sociale, mais une véritable association d'assistance et d'assurance mutuelle, car telle est la solution indiquée par l'intérêt commun et la justice. Cependant on est sur la voie qui mène à cette association. Elle demande beaucoup d'étude et elle se réalisera progressivement, non subitement comme le promettent de faux prophètes.

Payer nos dettes, tant envers nos créanciers ordinaires qu'envers ceux qui nous ont fait du bien et notre pays, c'est la prescription de justice. Celui qui enfreint cette prescription, on le traite de malhonnête homme. Devise : *A chacun ce qui lui est dû.*

.˙.

La quatrième prescription est d'être, en principe, animé d'un bon vouloir à l'égard de nos semblables; mais cette prescription veut être expliquée.

Nous devons être doux et polis avec tout le monde; on a dit que rien ne coûte moins et ne rapporte davantage. On facilite ainsi son existence et l'on aide les autres à être bienveillants à notre égard. Ici il n'y a guère de distinction à faire entre les braves gens et les autres : la politesse et la douceur honorent toujours un homme et ne l'abaissent jamais.

Cependant il faut bien faire tête aux audacieux, avec lesquels la politesse et la douceur ne suffisent plus; on est bien obligé de se renfermer alors dans sa dignité et de leur laisser lire notre sentiment dans nos yeux. Mais la nature se charge de ce soin, et nous aurions tort de la combattre en nous dans ce cas, attendu que c'est le meilleur de nous-même qui se révolte. C'est le premier degré de l'indignation légitime qui peut se résoudre en tout autre chose que la douceur, si les bornes sont dépassées. Nous déférons alors au vœu de la Divinité, qui entend imposer aux méchants d'abord, et puis, s'il le faut, les frapper.

Ceci ne fait pas obstacle au principe du bon vouloir : nous ne voulons pas alors tant le mal d'autrui que notre propre bien terrestre, à savoir la paix dans la dignité. Ce que nous avons le droit et le devoir de haïr dans autrui, c'est le mal, ou le mode méchant, non l'être même, auquel nous ne souhaitons que d'être délivré de sa méchanceté et de devenir un brave homme. Mais s'il arrive que l'on ne puisse plus distinguer entre la manière d'être et l'être même, alors nous ne pouvons plus faire autrement que de haïr cet être, en tant qu'homme, et c'est pourquoi on veut la mort des criminels de profession et d'instinct, en souhaitant tout le bien possible à leur âme, tandis qu'on éprouve un sentiment très différent devant le criminel par accident, qui n'est pas nécessairement méchant, mais qui, dans un mouvement de passion, a commis un acte atroce.

Ajoutons, à ce propos, que la prétention de « punir » est ridicule chez les hommes, par la raison qu'ils n'ont pas les éléments pour juger, ce qui s'appelle juger. Dieu seul peut juger. Mais nous avons le droit de nous défendre ; de ce droit nous sommes certains. La défense contre l'attaque est juste ; notre raison nous en est garante. Donc, c'est au nom de cette juste défense que la société doit sévir contre les coupables ; car nous savons qu'en fait ils sont coupables ; mais à quel degré? et quel châtiment méritent-ils? C'est ce que Dieu seul connaît. Pour nous, nous nous défendons comme nous pouvons, et nous sommes sûrs que cela est parfaitement juste, pourvu que nous ne fassions rien de plus à l'égard des coupables que ce qu'exige notre intérêt ; au-delà, nous divaguons présomptueusement. Nous avons droit d'infliger la mort, si nous ne voyons pas d'autre moyen de nous défendre efficacement ; mais le fondement de ce droit n'est que la légitime défense. Après cela, qu'on emploie le mot de « punir », ce mot est utile, et nous ne pouvons nous l'interdire, mais il faut bien entendre sa valeur.

Notre bon vouloir à l'égard des êtres nuisibles est donc limité en ce monde par notre intérêt légitime. Le même intérêt et nos autres devoirs donnent la mesure de ce que doit être notre bon vouloir à l'égard de chacun. Devons-nous être enflammés d'ardeur pour le premier venu aussi bien que pour notre propre enfant? Non, les devoirs sont gradués. Nous nous devons d'abord aux nôtres, à ceux dont nous avons charge; nous nous devons à ceux qui nous ont fait du bien, nous nous devons à notre patrie, et enfin, nous devons, en principe, préférer un concitoyen à un étranger. Que si nous donnons notre fortune ou notre vie pour sauver un individu quelconque, et que nous agissions ainsi au détriment de notre famille, ou seulement de nos créanciers, nous faisons inconsciemment œuvre de malhonnête homme, sauf ce que nous dirons au sujet de la beauté morale.

Notre bon vouloir doit se traduire d'abord par le soin de ne pas nuire sans nécessité et sans justice, et puis de venir en aide aux autres dans la mesure que nous permettent les dettes que nous avons à acquitter, et de la meilleure manière pour le véritable bien d'autrui. On sait que, dans nos sociétés modernes, l'aumône dans la rue est une chose démoralisatrice. Le plus grand bien qu'on puisse faire à un enfant, c'est de le recueillir, de bien l'élever et de lui donner un métier; à un pauvre valide, de lui procurer du travail. Restent les invalides pauvres; le mieux est de les recueillir dans des hospices convenables, non de les abandonner à des mains douteuses, qui peuvent profiter de l'argent donné. Enfin, il y a mille manières de faire le vrai bien, mais on a quelque peine à les trouver.

La quatrième prescription se résume donc dans la douceur, tant qu'elle est possible, et dans l'assistance mesurée et bien entendue.

Celui qui enfreint cette prescription, on le qualifie de méchant.

Comme devise, il nous semble qu'on peut appliquer à cette prescription la parole du Christ : *Bonne volonté!*

**

Telle est la formule du devoir, ainsi qu'elle se déduit de l'expérience et des sentiments que nous inspire la conduite de nos semblables. La raison opérant sur ces sentiments, affirme la nécessité d'une certaine manière d'être, d'abord pour les autres, et ensuite pour nous-même.

L'expérience fait connaître encore une autre prescription non moins générale que le courage, c'est la mesure, dont nous avons eu déjà l'occasion de parler.

Ainsi, l'on ne doit pas disperser son attention sur trop d'objets, mais la concentrer sur les plus importants; et encore se relâcher quelquefois, pour ne pas excéder l'esprit.

Le courage proprement dit doit être mesuré d'après nos forces. Il faut se connaître, autrement l'on présume trop de soi, l'on entreprend un ouvrage trop difficile ou trop long, ou bien l'on croit pouvoir braver un adversaire alors qu'on est insuffisamment préparé. Ce genre de fautes se paie cher.

Il semble qu'on ne puisse être trop juste. Pourtant, dans une discussion, la partie est inégale entre un coquin et un honnête homme dévoré de scrupules. Il faut donc réserver ceux-ci, c'est-à-dire le souci des plus petits détails et la spontanéité à les dénoncer, pour le cas où l'on a affaire à des gens d'une honnêteté éprouvée. Sinon, l'on devient dupe, et l'on passe pour affecté.

Enfin, l'on sait qu'il ne faut pas faire trop de vague humanitarisme, attendu que l'homme est un loup pour l'homme. On aime les siens, on est fidèle à ses amis, on préfère ses compatriotes à l'étranger, et l'on se réjouirait aussi d'être utile à l'humanité entière; mais il ne faut pas tomber dans la sensiblerie, même avec nos amis, même avec nos parents, même dans l'amour. C'est ce qui se paie le plus cher. Il faut donc se surveiller, et, si l'on a un excès de tendresse, le bien cacher. C'est pour la beauté morale qu'il faut garder ses plus grands élans, qu'on la rencontre ici-bas ou qu'on la voie dans les âmes célestes et dans la Divinité.

Devise de la mesure : *Rien de trop!*

※

Nous étendrons-nous sur la sanction attachée dès ce monde à l'inobservation de la loi morale ? Mais il semble que cette sanction est trop évidente pour justifier un développement.

C'est d'abord, à terme plus ou moins bref, le blâme de nos semblables, la déconsidération et pis encore. C'est ensuite le blâme de notre propre conscience, la perte de l'estime de soi-même, l'appréhension du châtiment. C'est, enfin, ce châtiment même qui nous atteint plus ou moins tardivement, faute de clairvoyance, de résolution, de justice ou de bienveillance. Nous n'insisterons pas, pour raison de clarté suffisante.

Telle est la loi imposée à l'homme, et qu'on nomme le devoir ou le bien. Encore que ce dernier terme s'applique plus spécialement aux prescriptions de justice et de charité, cependant il comprend aussi les autres prescriptions, en tant que bien signifie bonne manière d'être, c'est-à-dire dans le sens le plus général du mot.

Ce bien, est-ce toute la beauté intellectuelle et morale ? Non, c'est un diminutif de la beauté, et, ce diminutif, on le nomme le devoir.

Le bien ou le devoir est la beauté morale, mais proportionnée, réduite aux facultés moyennes de l'homme. Au-delà de cette limite, la beauté devient sublime.

*
* *

La beauté intellectuelle, c'est le génie qui voit tout ; la beauté morale, c'est l'héroïsme qui défie la souffrance et la mort ; c'est la justice exacte, sans préférence et sans aversion ; c'est le dévouement intégral ou le sacrifice de tout ce qui nous attache à la vie, et de la vie même, pour le salut et le bonheur d'autrui. La beauté morale ne connaît pas de mesure : elle brave tout, et elle en subit les conséquences.

La beauté intellectuelle et la beauté morale ne sont pas prescrites à l'homme, et même, en principe, elles lui sont interdites, par la prescription de mesure, comme une ambition présomptueuse.

La beauté intellectuelle et morale est plutôt passionnelle que volontaire, tout comme la beauté physique est un pur don.

Le génie est spontané ; l'héroïsme est une fureur sainte ; la justice exacte consiste à tout souffrir et à laisser à la justice immanente des choses le soin de punir et de réparer, c'est-à-dire qu'elle est divine, comme le pur dévouement, qui doit être consenti d'avance avec la certitude de l'ingratitude humaine et de l'angoisse finale.

Ces beautés, on les voit chez l'homme quand elles lui sont accordées ; mais on ne peut admettre que la Divinité favorise des âmes sans mérite. Ce sont donc des âmes méritantes qui reçoivent l'aide divine. Ces beautés sont comme des passions qui élèvent l'âme au-dessus de la condition humaine. On ne peut donc s'y guinder ; et il faut laisser faire à la Divinité quand elle nous emporte. Parfois l'héroïsme consiste dans un sauvetage périlleux, et il semble que cet héroïsme se confonde avec le devoir ; mais ce n'est plus le devoir, c'est le feu sacré. Le même feu anime le soldat lorsqu'il ne se contente pas d'obéir, mais qu'il le fait avec joie. La patience est une qualité du même ordre, quand elle est magnanime et non accompagnée de rage et de haine. Enfin, l'amour s'élève souvent au sacrifice absolu, se confondant avec l'héroïsme et le surpassant ; alors ce sentiment unique supplée le reste et résume tout le sublime. On voit l'amour, sous toutes ses formes, enfanter ce prodige : amour conjugal, amour maternel, amour filial, amour fraternel, amour de la patrie. Mais l'humanité, hydre informe, effroyable, inspire difficilement un amour exalté jusqu'au dévouement effectif dans l'isolement et la torture. Aussi les anciens mettaient-ils la gloire de Prométhée au-dessus de celle des dieux. Jusqu'au Christ, des figures fabuleuses étaient seules représentées comme capables d'un tel dévouement. Et depuis Jésus, à son exemple, des missionnaires vont mourir pour sauver des âmes chinoises ou papoues !

On dépasse ici le sublime, pour entrer dans le divin ; on ne comprend plus et, par suite, on oublie d'admirer. Mais la récompense de ces choses n'est pas l'admiration des hommes.

*
* *

Que si l'on recherche l'intention de la Divinité à notre égard au sujet de sa loi, elle nous paraît telle : notre bonheur en ce monde et dans l'autre. Notre bonheur en ce monde, même le bonheur matériel; et le bonheur dans l'autre, sans effort qui dépasse nos moyens, puisqu'elle nous vient en aide. Toute souffrance viendrait de l'Esprit du mal, non de la Divinité.

Mais le sentiment de justice, d'accord avec l'histoire et l'expérience, nous assure que la Divinité vaincra finalement l'Esprit du mal.

Satan est très puissant, mais Dieu est plus grand que lui. Espérons donc, et ayant bonne volonté, selon le conseil du Christ; jouissons sagement des biens de ce monde, suivant l'avis de l'Ecclésiaste. Et, après avoir été heureux ici-bas, nous serons encore heureux ailleurs. Par le courage et par l'amour! C'est la devise des élus.

.˙.

Peu à peu nous nous détachons des biens matériels pour leur préférer le bien intellectuel, les vives joies de la lumière; peu à peu nous nous détachons des plaisirs de l'esprit, trop mélangés d'obscurités insondables et de fatigues excessives, pour leur préférer les sensations glorieuses de l'envolée de l'âme dans le courage et les douceurs exquises de l'amour pur; nous nous détachons toujours davantage de personnalités déterminées pour préférer celles qui revêtent la beauté morale; avec l'âge, la terre se dérobe, ou elle ne se rappelle à nous que par la souffrance, et notre âme n'a plus de tendance que vers ce qu'il y a de noble dans les êtres, vers les meilleurs de ceux qui nous entourent, vers les âmes élevées, généreuses, sublimes, vers les âmes célestes, vers l'Ame divine. Nous mourons dans l'horreur du mal, dans l'amour de la Divinité, et dans l'espoir en elle, redevenus simples comme des petits enfants, selon la parole du Christ; nous espérons retrouver ailleurs ceux que nous avons

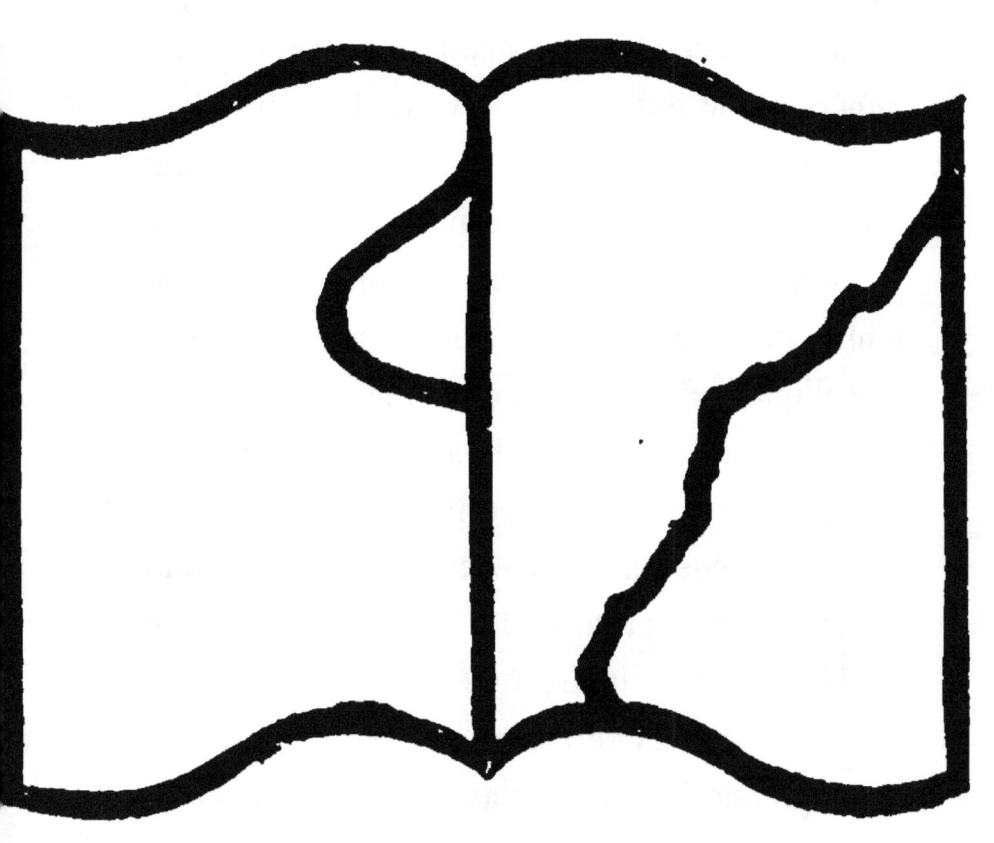

Texte détérioré — reliure défectueuse
NF Z 43-120-11

aimés et qui méritaient de l'être. Nul doute que ces aspirations ne nous conduisent vers des êtres supérieurs et que, par une sorte d'aimantation, les âmes ne se retrouvent, et durant bien des vies encore peut-être, sous une forme matérielle, mais moins lourde, plus belle et plus pure; cependant, elles ne sauraient se reconnaître. Ainsi s'explique le dogme de la résurrection des corps, comme s'expliquent d'autres dogmes de la religion, tels que celui du péché originel, qui sont présentés sous une forme enfantine, mais dont le sens est très profond. La renaissance n'a rien de plus extraordinaire que la naissance en ce monde. Après l'étonnement de cette naissance incompréhensible, nous n'avons pas à nous étonner d'une renaissance. C'est l'anéantissement qui ne s'expliquerait pas.

TABLE DES MATIÈRES

LA QUESTION DU BONHEUR 3
LE BIEN SOCIAL 51
LE BEAU 137
LA QUESTION DE L'AME 201
    La matière 204
    Les germes 207
    Le principe de la vie 212
    Utilité de la croyance 224
    Existence de l'âme 229
    Nature de l'âme 235
    De l'enfance à la vieillesse 245
    La chute, l'effort et l'aide 250
    Les deux voix intérieures 263
    Hiérarchie des âmes 270
    Facultés exceptionnelles 277
    Communication des âmes 284
    La mort 292
    Les âmes extra-terrestres 301
    La divinité 320
    La loi divine 337

Paris. — Imprimerie de Ch. Noblet, 13, rue Cujas. — 1923?.

33